마조어록

이 마음이 부처다

마조어록

김태완 역주 및 도움말

침묵의 향기

일러두기

1. 본 『마조어록』은 불교의 초심자나 선(禪) 공부의 입문자로부터 선 공부를 오래 한 사람에 이르기까지 누구나 읽어도 도움이 되도록 엮은 책이다.

2. 이 책의 구성은 〈번역〉, 〈주석〉, 〈도움말〉, 〈부록〉 등 4부분으로 되어 있다. 〈번역〉은 원문을 가능한 한 직역에 가깝게 번역하면서도 본래의 뜻이 잘 전달되도록 하였고, 〈주석〉은 선 공부의 입문자들에게 여러 가지 용어의 설명이나 올바른 견해를 주석으로 제공한 것이고, 〈도움말〉은 본격적으로 선을 공부하는 분들을 위하여 단도직입적으로 드러내 보여 주거나 분별에 끌려가지 않고 곧바로 쉬는 자리를 암시하는 글들이며, 〈부록〉은 마조도일과 관련하여 참고가 될 만한 여러 가지 지식 정보들을 모아서 첨부한 것이다.

3. 본 역주의 텍스트는 『만신찬속장경(卍新纂續藏經)』 제69책 No. 1321 「마조도일선사광록(馬祖道一禪師廣錄)」(『사가어록(四家語錄)』 제1권)이다. 『사가어록』은 마조도일(馬祖道一)·백장회해(百丈懷海)·황벽희운(黃檗希運)·임제의현(臨濟義玄)의 어록을 모은 것으로서, 현재 『대일본속장경』 속에 수록되어 있는 것은 명(明) 만력(萬曆) 17년(1589)에 다시 편집하여 출판되었던 것을 원본으로 한다. 본래는 따로 따로 간행되어 있던 4인의 어록(語錄)을 송대(宋代) 초기에 임제종(臨濟宗)의 선사(禪師) 황룡혜남(黃龍慧南)이 모아서 『사가어록』으로 만들었는데, 이것은 아마도 치평(治平) 3년(1066) 전후의 일이라고 본다. 참고한 텍스트로는 『조당집(祖堂集)』 제14권, 『경덕전등록(景德傳燈錄)』 제6권, 『천성광등록(天聖廣燈錄)』 제8권, 『오등회원(五燈會元)』 제3권 등의 '강서마조도일선사(江西馬祖道一禪師)' 부분과 『고존숙어록(古尊宿語錄)』 제1권의 「마조도일선사어요(馬祖道一禪師語要)」 등이다.

■ 머리말

선어록을 읽는 자세

　선어록(禪語錄)은 선사들의 가르침을 기록한 글이다. 단순한 호기심이나 지식을 늘리기 위하여 선어록을 읽는 사람도 있겠지만, 기본적으로는 선 공부에 관심이 있는 사람이 선 공부를 위하여 선어록을 읽는 것이다. 여기 선어록을 번역, 주석, 해설한 것 역시 선 공부를 위하여 선어록을 읽는 사람들을 위한 것이다.
　선 공부를 위하여 선어록을 읽는 사람이라면 선어록을 통하여 깨달음을 얻고자 하는 자세로 읽어야 한다. 모든 관심의 초점을 깨달음 하나에 맞추고 선어록을 읽어야 한다. 선어록이라는 들과 산과 강을 지나면서 여러 광경을 구경하겠지만, 오로지 자신의 눈이 발견하고자 하는 것은 깨달음 하나에 모여 있어야 한다. 여러 가지 광경들의 앞뒤 상황이 이해되기도 하고 이해되지 않기도 하겠지만, 이해된다고 해서 그 이해만으로 만족해서는 안 되고, 이해되지 않는다고 해서 그 가치를 무시해서도 안 된다. 이해가 되어도 깨달음이 없으면 쓸모없는 지식에 불과하고, 이해되지 않는다고 해서 그 가치를 무시한다면 영원히 깨달을 인연이 없어질 것이다. 이해되어도 깨달음이 없다면 그 이해가 깨달음에 대한 목마름을 더욱 강하게 불러 일으켜야 하고, 이해가 되지 않는다면 자신의 눈이 아직 밝지 못하기 때문이라고 여겨서 더욱 열심히 공부해야 한다. 이런 자세로 읽을 때에야 비로소 선어록은 선 공부를 하는 사람에게 도움이 될 것이다.

선 공부를 하는 사람이라면 선어록을 단순히 과거의 역사적 사실을 알려주는 문헌으로 읽어서는 안 된다. 누구와 누구 사이에 진실로 이런 대화가 있었는가, 아닌가 하는 것은 별로 중요하지 않다. 그 대화가 지금 공부하는 자신에게 무엇을 보여 주려는 것인지가 드러나야 하는 것이다. 그 대화에서 자신이 무엇을 확인하고 있느냐가 중요하다. 언제 어디에서 누가 어떤 말을 했구나 하고 아는 것은 단순한 지식일 뿐이므로 분별경계를 따라간 것이고, 자신의 본래면목을 잊고 있는 것이다. 말을 이해하되 그 이해에 머물러 있으면 단순한 지식일 뿐이고, 선 공부는 아니다.

선어록을 잘 읽어 보면, 처음에는 그 말의 뜻을 이해하게 되지만, 다음에는 그 말이 가리키는 것이 진정으로 무엇인지가 자신에게서 확인되어야 하는데 도무지 확인되지 않는 갑갑함에 봉착하게 된다. 이런 갑갑함에 봉착하고서 그 갑갑함이 해소되기를 자연스레 바라게 되면, 이것이 바로 선어록을 제대로 읽은 효과이다. 이제 그 갑갑함을 해소하려면 스승을 찾아가야 한다. 스승을 찾아서 가르침을 듣고 의문을 묻고 하면서 공부의 길을 실제로 가는 것이다.

말을 이해하는 것과 그 말이 실제로 소화되는 것이 어떻게 다른지를 알 수 있는 일화를 하나 소개한다.

금릉 보은원의 현칙(玄則) 선사가 공부할 때, 처음 청봉(青峰) 선사에게 가서 물었다.
"무엇이 부처입니까?"
청봉이 답했다.
"병정동자(丙丁童子)가 불을 얻으러 왔구나."
현칙이 이 말을 마음에 간직하고 있다가 정혜(淨慧) 선사를 만났는데, 정혜가 그 깨달은 뜻을 따져 물었다. 이에 현칙이 대답하였다.
"병정(丙丁)은 불인데 다시 불을 구한다는 것은, 현칙이 부처인데 다시 부처를 묻는다는 것과 같습니다."
이에 정혜가 말했다.
"하마터면 놓치고 지나갈 뻔하였군! 원래 잘못 알고 있었구나."

현칙은 비록 이런 깨우치는 말을 들었으나 여전히 마음은 개운치가 않았다. 물러나 온갖 궁리를 다 해 보았으나 그 현묘한 이치를 알지 못했다. 이윽고 정성을 기울여 가르쳐 줄 것을 부탁하니, 정혜가 말했다.

"그대가 물어보라. 내가 그대에게 말해 주겠다."

현칙이 이에 물었다.

"무엇이 부처입니까?"

정혜가 말했다.

"병정동자가 불을 얻으러 왔구나."

이 말에 현칙은 활연히 깨달았다.

■ 차례

머리말 : 선어록을 읽는 자세 ... 5

제1부 🍃 **행록**

    1. 출가 ... 17
    2. 깨달음 ... 20
    3. 반야다라의 예언 ... 32
    4. 인가 ... 35
    5. 가르침을 폄 ... 36
    6. 회양의 확인 ... 38
    7. 입멸 ... 40

제2부 🍃 **상당시중**

    1. 이 마음이 부처다 ... 45
    2. 삼계는 오직 마음 ... 50
    3. 모두가 마음을 보는 것 ... 53

4. 마음의 노래	... 56
5. 도는 닦는 것이 아니다	... 58
6. 도에 통달함	... 61
7. 범부	... 64
8. 하나를 맛보면 전부를 맛본다	... 66
9. 성문	... 68
10. 말끝에 깨달음	... 72
11. 항상 법성삼매	... 74
12. 자기 마음을 알면 된다	... 76
13. 불 꺼진 재와 불씨	... 78
14. 마음을 깨달으면 된다	... 80
15. 도는 닦을 필요가 없다	... 82
16. 평상심이 도이다	... 84
17. 온갖 작용이 모두 도	... 86
18. 온전히 하나	... 89
19. 하나를 들면 다 따라온다	... 91
20. 서 있는 곳이 바로 진리	... 94
21. 곳곳이 부처	... 96
22. 막힘이 없다	... 98
23. 의지함이 없다	... 101
24. 무엇도 취하지 않음	... 104

25. 보살 ... 107
26. 평등한 본성 ... 109
27. 한 번 깨달으면 ... 112
28. 무생법인 ... 114
29. 여래청정선 ... 116
30. 업을 짓지 않는다 ... 120

제3부 ● 만남의 인연

1. 달구경 ... 125
2. 통 속의 일 ... 129
3. 부처의 뜻 ... 131
4. 불법 구하기 ... 133
5. 조사가 서쪽에서 온 뜻 ... 136
6. 좌선 ... 139
7. 자신을 쏘아라 ... 141
8. 소 키우기 ... 144
9. 조사가 서쪽에서 온 뜻 ... 146
10. 대열반 ... 149
11. 이 마음이 부처다 ... 151
12. 마음도 부처도 아니다 ... 153

13. 부처가 없구나 ... 156
14. 미끄러운 석두의 길 ... 160
15. 다리를 다치다 ... 164
16. 방망이 맛 ... 166
17. 무엇이 강설하는가 ... 168
18. 조사가 서쪽에서 온 뜻 ... 171
19. 만법과 짝하지 않는 자 ... 173
20. 줄 없는 거문고 ... 175
21. 물도 없고 배도 없다 ... 177
22. 울음을 그치게 하려고 ... 179
23. 조사가 서쪽에서 온 뜻 ... 182
24. 도에 합하다 ... 183
25. 조사가 서쪽에서 온 뜻 ... 185
26. 일원상 ... 186
27. 네 개의 선 ... 189
28. 일원상 ... 191
29. 좌주의 법 ... 193
30. 승상의 복 ... 196
31. 직지인심 견성성불 ... 198
32. 오직 하나의 진실 ... 203
33. 단하천연 ... 206

34. 부처의 지견 ... 209
35. 동호의 물 ... 212

부록

1. 마조의 생애 ... 217
2. 마조선(馬祖禪) 해설 ... 220
3. 마조를 전후한 선종 법계보 ... 239
4. 중국 선종 연보 ... 240
5. 중국 선종 지도 ... 254

제1부

행록
行　錄

행록(行錄) : 출가해서 공부하여 깨달음을 얻고, 학인들을 가르치다 죽음에 이르기까지의 선승(禪僧)의 일대기를 기록한 글.

1. 출가出家

강서(江西) 지방의 도일(道一)¹⁾ 선사(禪師)²⁾는 한주(漢州)의 시방현(什方縣) 사람으로서, 속성(俗姓)은 마(馬)씨이다. 시방현의 나한사(羅漢寺)에서 출가(出家)했다. 용모가 기이하였는데, 걸음걸이는 소와 같았고 눈초리는 호랑이 같았으며, 혀를 내밀면 코에 닿았고 발바닥에는 두 개의 바퀴 무늬가 있었다.³⁾ 어릴 때 자주(資州)의 당(唐) 화상(和尙)⁴⁾에게 의지하여 머리를 깎았고, 뒤에 유주(渝州)의 원(圓) 율사(律師)⁵⁾에게서 구족계(具足戒)⁶⁾를 받았다.

江西道一禪師 漢州什方縣人也 姓馬氏 本邑羅漢寺出家 容貌奇異 牛行虎視 引舌過鼻 足下有二輪文 幼歲依資州唐和尙落髮 受具於渝州圓律師

행록 17

| 도움말 |

마조도일이 어디에 있는가? 당(唐)나라의 마조는 죽은 마조이니 살아 있는 마조를 찾아라. 살아 있는 마조의 살아 있는 목소리를 들어야 비로소 선 공부하는 사람이라고 할 수 있다.

---

1 도일(道一) 마조도일(馬祖道一; 709-788). 당대(唐代)의 선사(禪師). 속성(俗姓)은 마(馬)씨. 사천성 한주(漢州) 시방현(什方縣) 출신으로, 고향에 있는 나한사(羅漢寺)의 처적(處寂) 선사에게 출가하고, 사천성 유주(渝州)의 원(圓) 율사에게서 구족계를 받았다. 그 후 사천성 익주(益州)의 장송산(長松山), 호북성 형남(荊南)의 명월산(明月山) 등으로 다니며 수행하다가, 육조혜능(六祖慧能)의 법을 이은 회양(懷讓)이 남악(南嶽)에 머물고 있다는 소식을 듣고 그를 찾아가 그를 통하여 육조혜능의 법을 깨달았으며, 뒤에 홍주종(洪州宗)을 개창하였다. 강서(江西) 지방에서 가르침을 펼쳐서 강서의 마조도일이라 불리며, 호남(湖南)에서 가르침을 펼치던 청원행사 문하의 석두희천(石頭希遷; 700-790)과 쌍벽을 이루었다. 당송대 중국선종의 황금기를 이룬 오가칠종(五家七宗)의 문파는 모두 마조와 석두의 문하이다. 마조는 문하에 백장회해, 위산영우, 남전보원, 서당지장, 대매법상, 마곡보철, 대주혜해, 귀종지상 등등 많은 뛰어난 선승(禪僧)들과 방거사(龐居士)를 배출하였다. 직지인심(直指人心)·견성성불(見性成佛)의 조사선을 달마가 중국에 전하고, 혜능

이 그 종지(宗旨)를 세웠다면, 마조는 그 조사선의 종지를 확실히 정착시킨 인물이다. 위앙종(潙仰宗)과 임제종(臨濟宗)의 두 종파가 마조의 문하에서 건립되었고, 특히 임제종은 뒤에 간화선(看話禪)을 제창하여 지금까지도 한국을 비롯하여 중국, 일본에서 선종의 전통으로 남아 있다. 마조의 가르침을 전하는 것으로는 『마조도일선사어록(馬祖道一禪師語錄)』 1권이 있다.

2 선사(禪師) 육조혜능(六祖慧能)까지를 조사(祖師)라 부르고, 그 이후의 선승(禪僧)들을 선사(禪師)라 부른다.

3 이른바 부처의 육체가 갖추고 있다는 32상(相) 가운데 몇 가지를 인용하여 마조의 비범함을 보여 주려는 수식어이다.

4 화상(和尙) 지혜와 덕을 갖춘 승려에 대한 존칭.

5 율사(律師) 불교의 대장경(大藏經)인 경(經)·율(律)·론(論) 삼장(三藏) 가운데 율에 정통한 승려. 경에 정통한 승려를 경사(經師)라 하고, 논에 정통한 승려는 논사(論師)라 한다.

6 구족계(具足戒) 구계(具戒)라 약칭하고, 대계(大戒)·비구계(比丘戒)·비구니계(比丘尼戒)라고도 한다. 비구·비구니가 지켜야 할 계율로서, 비구는 250계, 비구니는 348계이다. 이 계를 받으려면 사미계(沙彌戒)를 받은 지 몇 년이 지나야 하고, 모든 죄과가 없어야 한다. 출가(出家)하여 사찰에 가면 우선 행자(行者)로 몇 년간 생활을 하고 사미계를 받는다. 사미계를 받고 몇 년간 강원에서 공부한 뒤에 비로소 구족계를 받고 정식 비구, 비구니가 되는 것이다.

2. 깨달음

　당(唐)나라 개원(開元) 년간(年間)[1]에 형악(衡嶽)[2]의 전법원(傳法院)[3]에서 선정(禪定)[4]을 익히다가 회양(懷讓)[5] 화상을 만났다. 회양은 도일이 진리를 담을 만한 그릇이 됨을 알아보고는 물었다.
　"대덕(大德)[6]은 좌선(坐禪)[7]하여 무엇을 꾀하시오?"
　도일이 말했다.
　"부처되기를 꾀합니다."
　회양은 이에 벽돌 한 개를 가져와 그 암자 앞에서 갈기 시작했다. 이것을 보고 도일이 물었다.
　"벽돌을 갈아서 어쩌려 하십니까?"
　"갈아서 거울을 만들려 하오."
　"벽돌을 간다고 어떻게 거울이 되겠습니까?"
　"벽돌을 갈아 거울이 되지 못한다면, 좌선하여 어떻게 부처가 되겠는가?"

이에 도일이 물었다.

"그러면 어떻게 해야 합니까?"

"소달구지가 가지 않는다면 달구지를 때려야 하겠는가, 소를 때려야 하겠는가?"[8]

도일이 대답이 없자, 회양이 다시 말했다.

"그대는 좌선을 배우고자 하는가, 좌불(坐佛)[9]을 배우고자 하는가? 만약 좌선을 배우고자 한다면, 선(禪)은 앉거나 눕는 것이 아니다. 좌불을 배우고자 한다면, 부처는 정해진 모습이 아니다. 머묾 없는 법에서는 취하거나 버리지 말아야 한다.[10] 그대가 좌불을 따른다면, 곧 부처를 죽이는 것이다. 만약 앉은 모습에 집착한다면, 그 이치에 통하지 못한다."[11]

도일은 회양의 가르침을 들으니 마치 제호[12]를 마신 듯이 시원하였다. 이에 회양에게 절하고 다시 물었다.

"어떻게 마음을 써야 모습 없는 삼매[13]에 부합하겠습니까?"

"그대가 마음이라는 진리[14]를 배우는 것은 마치 씨앗을 뿌리는 것과 같고, 내가 진리의 요점을 말해 주는 것은 저 하늘이 비를 내려 적셔 주는 것과 같다.[15] 그대는 이번 기회에 인연(因緣)이 맞았으므로 이제 도(道)[16]를 볼 것이다."

"도는 보이는 모습이 아닌데 어떻게 볼 수 있겠습니까?"

"마음에 갖추어진 진리를 보는 눈이 도를 볼 수 있다.[17] 모습 없는 삼매도 역시 그렇게 보는 것이다."[18]

"이루어졌다 부서지는 것은 아닙니까?"

"만약 이루어지고 부서지고 모이고 흩어짐을 가지고 도를 본다면, 이것은 도를 보는 것이 아니다.[19] 나의 게송(偈頌)[20]을 들어라."

회양이 말했다.

"마음이라는 땅[21]에는 모든 씨앗들이 들어 있는데,
비가 오면 모두가 싹을 틔우네.
삼매(三昧)[22]라는 꽃은 모습이 없으니,
어떻게 부서지고 어떻게 이루어지랴."

도일은 회양의 가르침 덕분에 깨닫게 되어 마음이 초연(超然)해졌다. 그 뒤 도일은 회양을 10년 동안 모시고 살았는데, 날로 깨달음의 깊이가 더해 갔다.

唐開元中 習定於衡嶽傳法院 遇讓和尙 知是法器 問曰 大德坐禪圖什麽 師曰 圖作佛 讓乃取一甎 於彼菴前磨 師曰 磨甎作麽 讓曰 磨作鏡 師曰 磨甎豈得成鏡 讓曰 磨甎旣不成鏡 坐禪豈得成佛耶 師曰 如何卽是 讓曰 如牛駕車 車不行 打車卽是 打牛卽是 師無對 讓又曰 汝爲學坐禪 爲學坐佛 若學坐禪 禪非坐臥

若學坐佛 佛非定相 於無住法 不應取捨 汝若坐佛 即是殺佛 若
執坐相 非達其理 師聞示誨 如飲醍醐 禮拜問曰 如何用心 即合
無相三昧 讓曰 汝學心地法門 如下種子 我說法要 譬彼天澤 汝
緣合故 當見其道 又問曰 道非色相 云何能見 讓曰 心地法眼能
見乎道 無相三昧 亦復然矣 師曰 有成壞否 讓曰 若以成壞聚散
而見道者 非見道也 聽吾偈 曰 心地含諸種 遇澤悉皆萌 三昧華
無相 何壞復何成 師蒙開悟 心意超然 侍奉十秋 日益玄奧

| 도움말 |

공부하는 사람이라면 모름지기 부처되기를 꾀해야 한다. 그러나 부처가 되고자 하는 순간 부처에서 어긋남을 어찌하리오?

벽돌을 갈아서 보여 준 것이 무엇일까?

이것이 바로 부처이니라.

몸과 마음은 모두 수레이다. 몸에도 손대지 말고 마음에도 손대지 말라. 바로 이때 그대는 어떻게 하겠는가?

모습을 따르지 말라. 속는다. 말을 따르지 말라. 속는다. 생각을 따르지 말라. 속는다. 이렇게 해도 속고, 이렇게 하지 않아도 속는다. 속고 또 속는 가운데 속을 수 없는 것은 무엇인가?

부합하지 못했다고 해도 부합치 못한 것이고, 부합하였다고 해도 부합하지 못한 것이다.

모습이 아니므로, 밝아도 보이고 어두워도 보이며, 이루어져

도 이루어짐이 없고, 부서져도 부서짐이 없다.

찾지 않으면 마음은 지금 당장 여기에 있고, 찾으면 마음은 어디에도 없다.

---

1 **당(唐)나라 개원(開元) 년간(年間)**   개원(開元)은 당(唐) 6대 황제인 현종(玄宗)의 연호(年號)로 서기 713-741년 사이 29년 동안이다.
2 **형악(衡嶽)**   형산(衡山) 혹은 남악(南嶽)이라고도 불리는 산이다. 남악회양은 이 산에 있는 절인 반야사(般若寺)에 머물고 있다가, 마조를 만나 교화하였다.
3 **전법원(傳法院)**   형산에는 반야사 이외에도 축성사(祝聖寺), 복엄사(福嚴寺) 등의 절이 있는데, 마조가 머문 전법원은 복엄사에 소속된 암자이다.
4 **선정(禪定)**   선(禪)은 산스크리트 dhyāna를 음으로 옮긴 선나(禪那)를 줄인 것이다. dhyāna를 뜻으로 번역한 것이 사유수(思惟修), 정려(靜慮) 등이다. 생각을 고요히 하여 마음의 본바탕을 밝힌다는 뜻이다. 정(定)은 산스크리트 samādhi의 번역어인데, samādhi는 삼매(三昧), 삼마지(三摩地) 등으로 음역된다. 산란한 분별망상을 붙잡아서 고요하고 흔들림 없이 본래의 마음자리에 확고부동하게 머물러 안정됨을 가리킨다. 전통적으로 선정이라고 하면, 요가 수행의 영향을 받아서, 조용한 곳에 가부좌를 하고 단정히 앉아서 호흡을 고르고 의식을 한 지점에 고정시켜서 산란한 생각을 가라앉히

는 좌선(坐禪)을 의미하였다. 그러나 조사선에서는 선정을 육체와 의식을 조절하는 그러한 좌선으로 보지 않고, 견성(見性) 혹은 깨달음 혹은 마음자리에서 미혹됨이 없음을 가리킨다.

5 회양(懷讓) 남악회양(南岳懷讓; 677-744). 속성은 두(杜)씨. 산동성 금주(金州) 출신으로, 15세에 호북성 형주(荊州)의 옥천사(玉泉寺)로 홍경(弘景) 율사를 찾아가 출가하여 율장(律藏)을 공부하였다. 그 후 숭산(嵩山)에 올라가 숭악혜안(嵩嶽慧安)을 만났고, 그의 가르침에 따라 조계(曹溪)로 가서 육조혜능을 만났으며, 그 문하에서 5년간 공부하여 그의 법을 이어받았다. 당(唐) 선천(先天) 2년(713)에 남악(南嶽)의 반야사에 머물렀고, 개원(開元) 년간(713-742)에 마조도일에게 법을 전하였다. 선종(禪宗)의 역사에서 남악회양은 청원행사와 더불어 혜능의 2대 제자가 된다. 시호는 대혜선사(大慧禪師). 명판(明版) 『고존숙어록(古尊宿語錄)』이 간행되면서 그의 법어를 모은 『남악대혜선사어록(南嶽大慧禪師語錄)』이 간행되었다.

6 대덕(大德) 스님을 높여 부르는 말.

7 좌선(坐禪) 두 다리를 포개어 가부좌를 한 채, 사려분별을 끊고 의식을 집중하여 무념무상(無念無想)의 경지에 들어가는 수행 방법. 좌선은 인도의 모든 종교에서 일반적인 수행 방법으로 채용되고 있는 것으로, 불교도 이를 수행 방법으로 수용하였다. 그러나 육조혜능은 『단경(壇經)』에서 좌선은 앉아서 분별을 끊는다는 이제까지의 의미를 벗어나, "어떤 경우에도 마음의 장애를 벗어나 밖으로 모든 경계 위에서 생각이 일어나지 않는 것이 좌(坐)요, 본성을 보

아 흔들리지 않는 것이 선(禪)이다."고 새롭게 가르치고 있다. 이것은 곧 경계 위에서 법을 찾아가는 것이 아니라, 이 자리에서 경계를 보지 않고 바로 법을 본다는 조사선의 돈오문(頓悟門)을 나타낸 것이다.

8 "소달구지가 가지 않는다면 달구지를 때려야 하겠는가, 소를 때려야 하겠는가?" 마명보살(馬鳴菩薩)이 짓고 구마라집(鳩摩羅什)이 번역한 『대장엄론경(大莊嚴論經)』 제2권에 "예컨대 소가 끄는 달구지가 있는데, 달구지가 가지 않으면 소를 때려야지 달구지를 때려서는 안 된다. 몸은 달구지와 같고 마음은 소와 같다."라는 말이 있다. 달구지는 육체뿐만 아니라, 오온(五蘊)인 육체 · 감각 · 생각 · 의지 · 의식을 모두 가리키는 것이다. 마음공부는 오온이라는 경계를 상대로 하는 것이 아니라, 오직 모습 없고 이름 없고 장소 없고 시간 없는 마음을 상대로 하여야 한다. 왜 육체와 생각이라는 경계에 매여서 본질인 마음을 놓치고 있는가? 마음공부는 오직 마음에서 이루어지는 것이다. 어떤 견해를 가지거나, 육체를 어떻게 훈련하거나, 의식을 어떻게 조작하거나, 생각을 어떻게 전개하거나, 어떤 기분 속에 빠져 들거나 하는 것은 모두가 형식이요, 경계에 빠져서 마음이라는 본질을 놓치는 것이다. 이런 경계에 의지하지 말고 오로지 마음을 깨달아야 한다.

9 **좌불**(坐佛) 앉아 있는 모습으로 만들어진 불상(佛像).

10 "머묾 없는 법에서는 취하거나 버리지 말아야 한다." 마음이라는 법(法)은 머묾 없는 법(無住法)이다. 머묾이 없다는 것은, 이것이다 저

것이다 하고 분별할 수도 없고, 여기다 저기다 하고 지정할 수도 없고, 과거다 현재다 미래다 하고 정할 수도 없다는 뜻이다. 마음은 어떤 식으로든 분별하거나 판단하거나 붙잡을 수 없다. 무주법을 불교에서는 연기법(緣起法), 중도(中道), 공(空), 불이법(不二法), 무상(無相), 무념(無念)이라고도 한다.

11 회양의 이 말은 조사선(祖師禪)의 요지를 잘 나타내고 있다. 조사선은 실천 수행이라는 형식적 과정을 거부하고 곧바로 깨달음의 자리에 서는 것이다. 이전까지의 불교는 깨달음을 저 멀리 있는 목표로 두고서 좌선(坐禪)이니 선정(禪定)이니 관법(觀法)이니 하는 이름의 실천 수행을 어떻게 올바르고 정밀하고 철저하게 하느냐에 온 관심을 기울이고 있었다. 깨달음이라는 목표를 얻기 위해서는 수행이라는 과정을 통과하는 것이 필수적이라고 여기고, 깨달음은 저 멀리 있는 목표이므로 우선 수행을 얼마나 올바르고 철저하게 하느냐에 관심을 주로 기울였던 것이다. 말하자면, 깨달음과 수행을 인과 관계로 여기고 원인인 수행에 모든 힘을 기울였던 것이다.

그러나 이러한 사고방식은 육조혜능(六祖慧能)에 의하여 그 문제점이 지적되면서 비로소 교정된다. 혜능이 황매(黃梅)의 오조홍인에게 인가를 받고 의발을 건네받은 뒤 남쪽으로 도망하여 몇 년 동안 숨어 살다가 마침내 광주(廣州) 법성사(法性寺)의 인종법사(印宗法師) 회상에 나타나 "바람이 움직이는 것도 아니고 깃발이 움직이는 것도 아니며, 마음이 움직이는 것이다."고 말하여 자기의 존재를 드러내었을 때, 인종은 혜능에게 묻기를 "황매가 부촉한 법(곧 조사선이다)은 어떻게 가르쳐 줍니까?"라고 하자, 혜능은 답하기를 "가르쳐 줄 만한 것은 없습니다. 다만 견성(見性)을 말할 뿐이고, 선정과 해탈을 말하지는 않습니다."라고 하였다. 이에 인종법사가 이해하지 못하고 다시 묻기를 "어찌하여 선정과 해탈을 말하지 않습니까?"라고 하니, 혜능은 답하기를 "그것은 이법(二法)이고 불법(佛法)이 아니기 때문입니다. 불법은 불이법(不二法)입니다."라고 하였다. 혜능은 선정을 수행하여 해탈을 성취하는 인과적 과정을 이법(二法)이라 하여 물리치고, 언제나 다만 견성(見性)이라는 불이법을 말할 뿐이라고 하는 것이다. 바로 이것이 돈교(頓敎) 최상승(最上乘)이라고 하는 조사선의 가장 큰 특징이다. 수행하여 깨닫기를 원하는 사람들은 언제나 바른 수행을 강조하겠지만, 혜능은 단지 깨달음인 견성을 말할 뿐인 것이다. 그리하여 좌선과 선정에 대해서도 새로운 가르침을 펼친다. "여러분, 무엇을 일컬어 좌선이라 하는가? 이 법문(法門) 속에서 장애가 없어서, 밖으로 모든 좋고 나쁜 경계에서 마음에 생각이 일어나지 않는 것을 일러 좌(坐)라 하고, 안으로 자성(自性)을 보아 움직이지 않는 것을 일러 선(禪)이라 한다.

여러분! 무엇을 일러 선정이라고 하는가? 밖으로 상(相)에서 벗어나는 것이 선(禪)이고, 안으로는 어지럽지 않은 것이 정(定)이다. 밖으로 상(相)에 집착하면 안으로 마음이 어지러워지고, 밖으로 상(相)을 떠난다면 마음이 어지럽지 않다. 본성은 본래 깨끗하고 본래 안정되어 있다. 다만 경계를 보고 경계를 생각하기 때문에 곧 어지럽게 된다. 만약 온갖 경계를 보고서도 마음이 어지럽지 않다면, 이것이 참된 정(定)이다. 여러분! 밖으로 상(相)을 벗어나는 것이 곧 선(禪)이고, 안으로 어지럽지 않은 것이 곧 정(定)이다. 밖으로 선(禪)하고 안으로 정(定)하면 바로 선정(禪定)이다. 『유마경』에서 말하기를 '즉시 활짝 통하여 본심을 되찾는다.'고 하고 『보살계경』에서 이르기를 '나의 본성은 원래 깨끗하다.'고 하였다."(『육조법보단경』)

좌선에 의지하는 수행의 문제에 대해서는 이미 『유마경』에서 언급되고 있지만, 육조혜능에 와서 비로소 이 문제가 더욱 철저히 밝혀지고 교정되는 것이다. 그러면 애초에 망상분별에 습관이 들어 있는 범부가 선정이라는 수행을 거치지 않고 어떻게 깨달음을 이룰 수 있는가? 단지 견성을 말할 뿐이라고 하지만 애초에 견성에 어두운 사람은 어떻게 하여야 하는가? 그것은 직지인심(直指人心)이라는 선지식의 가르침을 통하는 것이다. 즉 스승이 마음을 바로 가리켜 주면(直指人心), 제자는 스승의 가르침에 따라 문득 자기의 본성을 보아 깨닫는(見性成佛) 것이다. 이것이 바로 문자를 세우지 않고(不立文字) 경전 밖에서 따로 전하며(敎外別傳) 마음에서 마음으로 전하는(以心傳心) 조사선인 것이다.

이처럼 조사선 공부는 좌선과 선정을 실천하는 것이 아니라, 설법(說法)과 문답(問答)을 통하여 깨우쳐 주고 깨닫게 되는 공부이다. 그러므로 조사선에서는 일반적으로 깨우쳐 주는 한 마디 말을 듣고 혹은 깨우쳐 주는 하나의 행위를 보고 문득 깨달음이 온다. 『육조단경』에서 혜능은 이것을 이렇게 말하고 있다. "생각으로 헤아리면 알맞지 않다. 견성하는 사람은 말끝에 모름지기 보는 것이니, 만약 이와 같은 사람이라면 칼을 휘두르며 적진으로 돌진하더라도 역시 그것(自性)을 볼 수 있다." 말끝에 문득 깨우치는 것이야말로 가장 견고하고 흔들림 없는 확실한 깨달음임을 밝힌 것이다. 여기에 기술되고 있는 마조가 깨닫는 과정 역시 이러한 내용을 드러내고 있다. 조사선의 선사들이 제자를 깨우쳐 주거나 마음을 바로 가리키는 이러한 말과 행위들이 뒷날 화두(話頭)로 정착이 되면서 조사선은 간화선(看話禪)이라는 이름으로 불리게 된다.

12 제호(醍醐) 우유로 만든 시원하고 맛있는 인도의 음료수.

13 모습 없는 삼매〔無相三昧〕 정해진 모습이 없는 마음을 가리킨다.

14 마음이라는 진리〔心地法門〕 마음을 심(心), 심법(心法), 심지(心地), 심지법(心地法), 심지법문(心地法門)이라고 한다. 심법은 마음이 곧 진리라는 것이고, 심지는 마음은 땅과 같아서 모든 것이 마음에 의지하여 생긴다는 것이다.

15 공부는 배우려는 열의로 가득 찬 학인(學人)과 가르칠 능력이 있는 지도자가 만났을 때에 가능하다.

16 도(道) 진리. 불교에서는 보통 법(法)이라 하지만, 중국에서는 전통적으로 도(道)라는 이름을 사용하였으므로 불교의 법도 도라고 부른다. 불법(佛法)을 불도(佛道)라고도 하는 것이다. 불(佛), 법

(法), 도(道), 선(禪), 보리(菩提), 자성(自性), 심(心), 심법(心法), 심지법문(心地法門) 등은 모두 같은 것을 가리키는 다른 이름들이다.

17 "마음에 갖추어진 진리를 보는 눈이 도를 볼 수 있다." 마음은 마음 스스로가 자각(自覺)하는 것이지 생각이라는 거울에 비추어 보는 것이 아니다. 마음은 스스로를 자각하는 눈[心地法眼]이 갖추어져 있다.

18 "모습 없는 삼매도 역시 그렇게 보는 것이다." 투명 인간은 아무도 볼 수가 없지만, 투명 인간 스스로는 자신의 존재를 안다.

19 "만약 이루어지고 부서지고 모이고 흩어짐을 가지고 도를 본다면, 이것은 도를 보는 것이 아니다." 마음이라는 법(法)은 모습이 없으므로 생겨나거나 소멸하는 것이 아니다. 의식 세계에 나타나는 모든 법(法)들은 순간순간 생겨나고 소멸하므로 생멸법(生滅法)이라고 부르지만, 마음은 불생불멸법(不生不滅法)이다. 그러므로 의식 세계에 의지하여 살면 생로병사(生老病死)의 변화를 겪어야 하지만, 마음에 있으면 생로병사가 없다. 이것이 바로 해탈이요 열반이다.

20 **게송(偈頌)** 불교의 가르침을 요약한 시(詩).

21 **마음이라는 땅[心地]** 모든 것들이 땅에 의지하고 땅에서 나와 땅으로 사라지듯이, 마음도 그와 같다는 의미에서 마음을 땅에 비유하였다.

22 **삼매(三昧)** 곧 무상삼매(無相三昧)로서 마음 그 자체를 가리킨다.

3. 반야다라의 예언豫言

　애초에 육조혜능(六祖慧能)[1]이 남악회양에게 말하기를, "인도의 반야다라[2]가 예언하기를 그대의 발밑에서 한 마리 말이 나와 천하의 사람들을 밟아 죽일 것이라고 하였다."고 하였는데, 아마 마조도일(馬祖道一)을 두고 한 말이었을 것이다.

　初六祖 謂讓和尚云 西天般若多羅讖 汝足下出一馬駒 踏殺天下人 蓋謂師也

| 도움말 |
　반야다라는 어떻게 마조를 예언하였을까? 마조를 만나 보고서 예언하였을까, 만나 보지 않고 예언하였을까? 만나 보지 않고 예언하였다면 망상을 지은 것이고, 만나 보고 예언하였다면 어디

에서 마조를 만나 보았을까?

1 육조혜능(六祖慧能; 638-713) 중국 선종(禪宗)의 여섯 번째 조사. 속성은 노(盧)씨. 광동성 신주(新州) 신흥현(新興縣)에서 출생. 어려운 환경에서 자라며 나무를 해서 홀어머니를 모셨다. 어느 날 시장에 나무를 팔러 갔다가『금강경』읽는 소리를 듣고 깨달은 바가 있어서, 호북성 기주(蘄州) 황매현(黃梅縣)의 동선원(東禪院)으로 5조 홍인(弘忍)을 찾아갔다. 방앗간에서 행자(行者)로 8개월여를 일하다가 5조 홍인에게서 인가를 받고, 법(法)을 전한 표시로 달마가 전한 옷과 발우를 받고서, 시기하는 자들을 피하여 남쪽으로 몰래 떠났다. 수년간 사냥꾼의 무리 속에 숨어 살다가, 의봉(儀鳳) 원년(677) 광동성 남해(南海)의 법성사(法性寺)로 가서 출가하여 인종(印宗)에게 구족계를 받았다. 이듬해에 조계(曹溪)의 보림사(寶林寺)로 옮겨서 선풍(禪風)을 널치고 많은 신봉자를 읻있다. 신룡(神龍) 원년 (705)에 중종(中宗)이 칙사를 보내 불렀지만 병을 핑계로 가지 않았다. 칙령에 의하여 보림사(寶林寺)를 중흥사(中興寺)로 고치고 나중에 다시 법천사(法泉寺)로 고쳤으며, 신주(新州)에 옛날 살았던 집을 고쳐 국은사(國恩寺)라 하고 이곳에 보은탑(報恩塔)을 세웠다. 광동성(廣東省) 소주(韶州)와 광주(廣州)에서 40여 년간 교화를 펼쳤는데, 소주의 대범사(大梵寺)에서 행한 설법을 편집한 것이『육조단경(六祖壇經)』이라는 이름의 책으로 전하고 있다. 선천(先天) 2

년(713) 국은사(國恩寺)에서 입적. 많은 제자 가운데 출중한 이들로는 남악회양(南嶽懷讓), 청원행사(靑原行思), 영가현각(永嘉玄覺), 남양혜충(南陽慧忠), 하택신회(荷澤神會) 등이 있다. 혜능의 동문(同門)인 북방의 대통신수(大通神秀; 606-706)의 선을 북종선(北宗禪)이라고 부르고, 남쪽에서 활동한 혜능의 선을 남종선(南宗禪)이라고 하는데, 북종선은 점수법(漸修法)이라 하고 남종선은 돈오법(頓悟法)이라 한다. 혜능은 중국 조사선을 실질적으로 일으킨 인물로서, 그의 문하에서 중국 조사선의 황금시대가 펼쳐져 5가(家) 7종(宗)의 조사선 종파가 성립한다. 직지인심(直指人心)·견성성불(見性成佛)이라는 중국의 조사선은 혜능의 철저한 불이법문(不二法門)의 실천에서 기인한 것이다.

2 반야다라(般若多羅) 인도의 제27대 조사로서 제28대인 보리달마에게 법을 전해 주었다.

4. 인가印可

남악회양에게는 6명의 제자가 있었는데, 오직 마조도일만이 은밀히 마음도장[1]을 받았다.

讓弟子六人 惟師密受心印

| 도움말 |

마음도장은 어디에다 찍을까? 허공에다 찍는다. 허공 어디에다 도장을 찍을까? 살펴보면 벌써 한참 어긋났다.

---

1 **마음도장**〔心印〕 마치 도장을 선명하게 찍듯이 마음 역시 분명하게 깨달아 확인하므로, 마음을 마음도장이라고 한다.

5. 가르침을 폄

　처음에 건양(建陽)의 불적령(佛跡嶺)에서 임천(臨川)으로 옮겨 갔다가, 뒤에 남강(南康)의 공공산(龔公山)에 이르렀다. 대력(大曆)¹⁾ 년간에 종릉(鐘陵)의 개원사(開元寺)에 적을 두었다. 그때 연수(連帥)²⁾인 노사공(路嗣恭)이 마조(馬祖)의 소문을 듣고 우러러 사모하여 직접 그 근본 뜻³⁾을 받았다. 이 일로 말미암아 사방에서 배우는 사람들이 구름같이 도일의 문하로 모여들었다.

　始自建陽佛跡嶺 遷至臨川 次至南康龔公山 大曆中 隸名於鍾陵開元寺 時 連帥路嗣恭 聆風景慕 親受宗旨 由是 四方學者 雲集座下

| 도움말 |

마조는 불적령에서 임천으로, 임천에서 공공산으로 옮겨 다녔지만, 한 발짝도 떼지 않았다. 천 걸음 만 걸음을 걷지만 한 발짝도 뗀 적이 없다.

---

1 대력(大曆) 당(唐) 대종(代宗)의 연호로서 762-779년이다.
2 연수(連帥) 주대(周代)의 제도로서 십국(十國)을 연(連)이라 하고, 그 우두머리를 수(帥)라 한다. 곧, 십국을 지배한 장관.
3 근본 뜻〔宗旨〕 선종(禪宗)의 근본 뜻, 곧 마음이라는 진리.

6. 회양의 확인

　회양 화상은 마조가 강서(江西)에서 가르침을 펼친다는 소문을 듣고서 대중(大衆)¹⁾에게 물었다.
　"도일(道一)이 대중에게 법(法)²⁾을 말하느냐?"
　대중이 대답하였다.
　"이미 대중에게 법을 말하고 있습니다."
　"소식을 가져오는 사람을 전혀 보지 못하겠구나."
　드디어 회양은 한 스님을 그곳에 보내어, 마조가 상당(上堂)³⁾할 때 '어떻습니까?' 하고 묻고, 그가 대답하거든 기억해 오라고 시켰다. 그 스님이 회양이 시키는 대로 가서 물으니, 마조가 말했다.
　"마음대로 살아온 30년, 단된장이 부족하지 않았다."⁴⁾
　그 스님이 돌아와 회양에게 그대로 말하니, 회양은 고개를 끄덕였다.

讓和尙聞師闡化江西 問衆曰 道一爲衆說法否 衆曰 已爲衆說法 讓曰 總未見人持箇消息來 遂遣一僧往彼 俟伊上堂時 但問作麽生 待渠有語記取來 僧依敎往問之 師曰 自從胡亂後三十年不少鹽醬 僧回 擧似讓 讓然之

| 도움말 |

30년 동안 배고픈 줄을 몰랐던 까닭은, 먹고 싶은 것도 없고, 먹을 것도 없고, 먹을 입도 없기 때문이다.

---

1 대중(大衆) 대중은 큰 무리를 지은 사람들. 불교에서는 비구〔男僧〕, 비구니〔女僧〕, 남신도, 여신도를 합하여 4부대중이라고 한다. 여기에서는 마조의 문하에서 공부하는 스님들을 가리킨다.
2 법(法) 불법(佛法), 곧 깨달음의 진리.
3 상당(上堂) 불교의 진리인 법(法)을 말하여 밝히는 장소인 법당(法堂)에서, 법을 말하기 위하여 법사(法師)의 자리〔法座〕에 오른다는 말.
4 호란(胡亂)은 '마음대로 하다' '좋을 대로 하다' '형편 닿는 대로 하다' 라는 뜻으로서, 초탈한 사람의 걸림 없는 삶을 가리키는 말이다. 염장(鹽醬)은 면장(面醬)이라고도 하는데, 밀가루로 만든 단맛이 나는 단된장으로서 중국요리에서 중요한 조미료이다. 여기에서 단된장은 본래면목(本來面目), 본분사(本分事), 불법(佛法)을 가리킨다.

7. 입멸入滅[1]

마조의 입실제자(入室弟子)[2]는 139명이었는데, 각자 한 지방의 종주(宗主)[3]가 되어 교화를 끝없이 펼쳤다. 마조는 정원(貞元) 4년[4] 정월에 건창(建昌)의 석문산(石門山)에 올라 숲 속을 걷다가 바닥이 평탄(平坦)한 구덩이를 보고는 시자(侍者)[5]에게 말했다.

"나의 병든 몸이 다음 달에 이 땅으로 돌아올 것이다."

말을 마치고 돌아와서는 이미 병든 기색을 보였다.

원주(院主)[6]가 물었다.

"스님, 요사이 건강이 어떻습니까?"

마조가 말했다.

"나날이 부처를 만나고, 다달이 부처를 만난다."[7]

2월 1일에 목욕하고 단정히 앉아서 입멸(入滅)하였다. 원화(元和) 년간[8]에 대적선사(大寂禪師)라고 시호(諡號)하고, 탑(塔)[9]은 대장엄(大莊嚴)이라고 불렀다.

　師入室弟子 一百三十九人 各爲一方宗主 轉化無窮 師於貞元四年正月中 登建昌石門山 於林中經行 見洞壑平坦 謂侍者曰 吾之朽質 當於來月歸茲地矣 言訖而回 旣而示疾 院主問 和尙近日尊候如何 師曰 日面佛月面佛 二月一日沐浴 跏趺入滅 元和中 諡大寂禪師 塔曰大莊嚴

| 도움말 |

삶은 무엇인가? 활짝 핀 연꽃이다.

죽음은 무엇인가? 연꽃은 진흙에서 피지만 진흙에 물들지 않는다고 하는 것이다.

---

1 입멸(入滅) 본래는 번뇌가 소멸한 열반(涅槃) 즉 멸도(滅度)에 들어간다는 뜻이지만, 일상적으로는 승려의 죽음을 입멸이라고 한다.

2 입실제자(入室弟子) 입실(入室)은 학인이 단독으로 조실(祖室)이나 방장(方丈) 등에 들어가 지도를 받는다는 뜻이다. 입실제자란 입실하여 지도받고서 선지(禪旨)에 눈뜬 제자란 말이다.

3 종주(宗主) 선종(禪宗)의 근본 종지(宗旨)를 깨달아 자유롭게 펼치는

선의 스승.

4 **정원**(貞元) **4년** 788년.

5 **시자**(侍者) 장로(長老) 곁에서 모시고 시중을 드는 승려. 아난이 석가모니의 곁에서 시중든 것이 시자로서는 시초이다.

6 **원주**(院主) 사찰의 살림살이를 맡아서 하는 승려. 사찰의 집사(執事).

7 **일면불**(日面佛), **월면불**(月面佛) ①나날이 부처를 만나고, 다달이 부처를 만난다. 앞서 회양의 물음에 "마음대로 살아온 30년, 단된장이 부족하지 않았다."라고 말한 것과 같은 뜻. 언제나 본래자리에서 어긋남이 없다는 말. ②일면불(日面佛)과 월면불(月面佛)을 『불명경(佛名經)』에 등장하는 수많은 불명(佛名) 가운데 하나라고 해석하는 경우도 있으나, 선의 가풍에는 어울리지 않는 해석이다. 청량징관(淸凉澄觀)이 지은 『대방광불화엄경수소연의초(大方廣佛華嚴經隨疏演義鈔)』 제28권에는 『불명경』 제6권(현재 남아 있지 않음)을 인용하여, 일면불(日面佛)은 1,800세를 살고 월면불(月面佛)은 하루낮 하룻밤을 산다고 기록되어 있다. 여기에서는 이런 의미로 말한 것이 아니다.

8 **원화**(元和) **년간** 805-820. 원화(元和)는 당(唐) 11대 황제인 헌종(憲宗)의 연호(年號).

9 **탑**(塔) 승려의 유골을 모신 무덤.

제2부

상당시중
上 堂 示 衆

상당시중(上堂示衆) : 법당(法堂)에 올라, 대중들에게 법을 보여 주는 것. 곧 법당에서 대중들에게 설법(說法)하는 것이다. 선종(禪宗)에서 설법을 시중(示衆)이라고 부르는 것은, 선종의 상당설법은 대중들에게 방편(方便)인 언어를 통하여 법을 설명(說明)하는 것이 아니라, 말을 통하여 법을 보여 주기〔示〕 때문이다. 시중이란 용어는 염화시중(拈華示衆)이란 말에서 온 것으로, 염화시중이란 석가모니가 영산회상에서 말없이 꽃을 들어서 대중들에게 법(法)을 보여 준 일을 가리킨다.

1. 이 마음이 부처다

마조가 대중에게 말했다.

"그대들은 각자 자기의 마음이 곧 부처임을 믿어라.
이 마음이 바로 부처다.
달마대사[1]가 인도에서 중국으로 와 상승[2]의 일심법(一心法)[3]을 전하여 그대들을 깨닫게 하였다.
그리고 다시 『능가경』[4]을 인용하여 중생의 마음[5]을 확인시킨 것은, 그대들이 거꾸로[6] 되어 이 하나의 마음이 그대들 각자에게 있다는 사실을 믿지 않을까 염려했기 때문이다.
그러므로 『능가경』에서는, 부처가 말한 마음[7]을 근본[8]으로 삼고 문 없는 문[9]을 진리의 문으로 삼는다.

祖示衆云 汝等諸人 各信自心是佛 此心卽佛 達磨大師 從南天竺國 來至中華 傳上乘一心之法 令汝等開悟 又引楞伽經 以印衆生心地 恐汝顚倒不信 此一心之法 各各有之 故楞伽經 以佛語心爲宗 無門爲法門

| 도움말 |

마음이 곧 부처라니, 그러면 마음은 무엇인가?
벌써 드러났으니, 다시 입을 벌리면 거듭 보여 주는 것이다.
거듭 보여 주지만 언제나 새로운 것이니 다시 한 번 보아라.
우향우! 좌향좌!

---

1 **달마대사(達磨大師)** 보리달마(菩提達摩) 혹은 보리달마(菩提達磨). Bodhidharma를 음사한 것. 5세기 후반 혹은 6세기 초에 인도에서 중국으로 건너와 조사선(祖師禪)을 전해 주었다고 하는 인도의 승려. 석가모니에게서 법을 전해 받은 제1대 조사(祖師)인 마하가섭 이후 인도의 전법(傳法) 계보에서 제28대 조사에 해당한다고 하며, 중국에서는 제1대 조사가 된다. 달마 이후 중국 조사의 계보는 달마(1대)-혜가(2대)-승찬(3대)-도신(4대)-홍인(5대)-혜능(6대)이라고 하며, 혜능 이후에는 조사라는 명칭을 사용하지 않고 선사(禪師)라는 명칭으로 부른다.

2 상승(上乘)　최상승(最上乘). 소승(小乘)과 대승(大乘)을 뛰어넘는 가장 뛰어난 가르침. 방편인 뗏목을 이용하여 이 언덕(此岸)에서 저 언덕(彼岸)으로 가는 소승이나 대승과는 달리, 조사선은 방편을 사용하지 않고 곧바로 도달하는 단도직입(單刀直入)의 지름길(경절문(徑截門))이라는 뜻에서 최상승이라고 한다. 이 언덕과 저 언덕을 나누어 놓고(즉 속제(俗諦)와 진제(眞諦)를 분별해 놓고) 이 언덕에서 저 언덕으로 건너가는 방편의 길이 아니라, 애초에 이 언덕과 저 언덕이라는 분별이 없는 반야(般若)를 문득 바로 드러내어 그 자리에서 바로 깨어나도록 하는 것이다. 대승불교에서는 일단 어리석음과 깨달음을 둘로 나누어 놓고, 수행(修行)을 실천하여 깨달음을 얻으면 어리석음과 깨달음이 본래부터 둘이 아니었다고 가르친다. 일단 분별하는 중생의 입장에서 깨달음을 지향하라고 가르치는 것이다. 그리고 깨달아 부처가 되면, 중생과 부처가 본래 둘이 아닌 진리가 드러난다고 한다. 그러므로 대승불교에서는 반드시 실천수행이라는 행위가 요구된다. 그러나 조사선에서는 어리석음과 깨달음을 둘로 분별하는 출발점이 바로 중생의 어리석은 분별심에 의한 이법(二法)이기 때문에 이것을 출발점으로 삼지 않고, 바로 불이법(不二法)인 진리를 드러내는 것이다. 이것이 직지인심(直指人心)이다. 다시 말하여, 대승불교가 이법(二法)인 분별을 출발점으로 삼아 불이법(不二法)인 깨달음을 지향하는 것이라면, 조사선은 처음부터 불이법인 깨달음을 바로 드러낸다. 대승불교에서는 불이법인 깨달음에 도달하면, 지금까지의 모든 이법(二法)인 분별은 모두 어리석은 무명(無明)

으로 말미암아 진실을 보지 못하고 착각 속에서 본 허망(虛妄)한 꿈이나 환상과 같고, 유일한 진실은 불이법인 깨달음이라고 한다. 속제에서 출발하여 진제를 지향하였다가 진제가 성취되면 속제와 진제의 구분이 사라지고, 속제와 진제의 구분이 사라진 이것이 본래부터의 진실이고 속제와 진제를 나누는 것은 본래 어리석은 망상이라는 것이다. 이에 반해, 조사선에서는 애초에 진실과 거짓을 나누는 거짓을 즉각 포기하고, 바로 진실과 거짓의 분별이 없는 진실을 가리키는 것이다. 그러므로 조사선에서는 깨달음과 수행의 구별이 없이, 홀연 깨닫고 홀연 수행한다는 돈오돈수(頓悟頓修)를 말한다. 깨달음 밖에 깨달음을 얻기 위한 수행을 따로 두지 않는 것이다.

3 일심법(一心法) 오직 마음 하나가 진리라는 말. 세계는 오직 하나의 마음이요, 삼라만상은 하나의 마음에 나타나고 사라지는 허망한 모습들일 뿐이다. 하나의 물이 온갖 물결을 드러내는 것과 같다.

4 『능가경(楞伽經)』 구나발타라(求那跋陀羅 ; 393-468)가 번역한 『능가아발다라보경(楞伽阿跋多羅寶經)』.

5 중생(衆生)의 마음 중생의 마음과 부처의 마음이 다르지 않고, 마음은 다만 하나일 뿐이다. 하나의 마음에서 망상에 의지하고 있으면 중생이라 부르고, 깨어나면 부처라 부른다. 물결만 보고 있으면 중생이고, 물을 깨달으면 부처이다.

6 거꾸로〔顚倒〕 중생과 부처, 어리석음과 깨달음을 분별하고 있는 동안에는 자신의 지금 여기에는 부처의 마음이 없고 중생의 마음이 있다고 착각한다. 본래 하나의 마음뿐인데도 중생의 마음이 있고

부처의 마음이 있다고 착각하여, 중생의 마음을 버리고 부처의 마음을 찾으려 하니 이것이 바로 진실을 거꾸로 보는 어리석음이다.

7 부처가 말한 마음   불어심(佛語心). 구나발타라(求那跋陀羅 ; 393-468)가 번역한 『능가아발다라보경(楞伽阿跋多羅寶經)』은 일체불어심품(一切佛語心品) 4개 장으로 구성되어 있다. 명대(明代)의 종륵(宗泐)과 여기(如玘)가 지은 『능가아발다라보경주해(楞伽阿跋多羅寶經註解)』 제1권에서는 일체불어심품을 언급하면서, "불어심(佛語心)이란 곧 모든 부처가 말한 심법(心法)이다. 능가경 속에서 말하는 법문은 대략 넷이 있으니, 이른바 오법(五法) · 삼자성(三自性) · 팔식(八識) · 이무아(二無我)이다. 그러나 단독으로 말하는 심(心)이 이 네 가지 법문을 포함한다."라고 하여, 불어심을 곧 부처가 말한 마음이라 하고 있다.

8 근본[宗]   중생의 마음과 부처의 마음이 둘이 아니고, 어리석음과 깨달음이 둘이 아닌 일심(一心).

9 문 없는 문[無門]   어리석은 중생은 중생을 벗이니 부처로 들어가는 문을 통과하려 한다. 그러나 본래 중생과 부처는 둘이 아니고, 어리석은 마음과 깨달은 마음은 둘이 아니어서 통과할 문은 없는 것이다. 즉, 이법(二法)의 세계에서 불이(不二)의 세계로 들어가는 불이법문(不二法門)은 본래 없는 문이다. 그럼에도 불구하고 아직 어리석음에 있는 중생은 깨달음을 경험해야 본래 어리석음과 깨달음이 둘이 아니라는 진실에 눈뜨게 되므로, 공부하는 사람은 문 없는 문을 통과해야 한다고 하는 것이다.

2. 삼계는 오직 마음

무릇 진리(法)를 찾는 자는 찾는 것이 없어야 하니, 마음 밖에 따로 부처가 없고 부처 밖에 따로 마음이 없기 때문이다.

그러므로 선(善)이라고 하여 취하지도 말고 악(惡)이라고 하여 버리지도 말며, 깨끗함과 더러움의 어느 쪽에도 기대지 말아야 한다.

죄(罪)의 자성(自性)[1]이 공(空)[2]이라는 사실을 깨달으면, 어느 순간에도 죄는 있을 수 없으니, 자성이란 본래 없기 때문이다.

그러므로 삼계(三界)[3]는 오직 마음이며, 삼라만상은 한 개 마음의 흔적이다.

夫求法者 應無所求 心外無別佛 佛外無別心 不取善不捨惡 淨穢兩邊 俱不依怙 達罪性空 念念不可得 無自性故 故三界唯

心 森羅及萬象 一法之所印

| 도움말 |

어제는 서쪽 하늘에서 별이 반짝였는데,

지금은 손에서 별이 반짝이는구나.

어제는 언덕 위에서 꽃이 피었는데,

지금은 손에서 꽃이 피었구나.

어제는 계곡에서 물이 흘렀는데,

지금은 손에서 물이 흐르는구나.

손을 오므렸다 펼쳐 보라.

해와 달과 별과 하늘 끝의 은하수가 모두 여기에 있다.

---

1 자성(自性) 그 자체로 독립적으로 존재하는 고유한 본성. 각각의 개별적인 사물에는 다른 존재와 독립적으로 존재하는 고유한 본성이 있다는 견해를 가진 사람에게는 자성(自性)이란 본래 없다고 가르치고, 모든 사물은 자성이 없이 모두가 텅 빈 허공과 같다는 견해를 가진 사람에게는 진실한 자성(自性)은 항구불변하니 진실한 자성을 찾으라고 가르친다. 자성에 관하여 있느니 없느니 하는 분별을 떠날 때, 비로소 참된 자성에 도달한 것이다. 아니, 참된 자성에 도달하여야 비로소 자성에 관한 허망한 분별이 소멸한다.

2 공(空) 이것과 저것이라는 분별망상(分別妄想)이 소멸하여 분별망상에서 해탈함을 일컫는 말. 이것과 저것 어디에도 머물지 않는다는 뜻에서 공을 중도(中道)라고도 한다. 그러므로 공과 중도는 곧 깨달음을 표현하는 말이다.

3 삼계(三界) 중생이 살아가는 세 가지 세계라는 뜻으로 욕계(欲界)·색계(色界)·무색계(無色界)라는 이름으로 부른다. 우리가 경험하는 모든 의식 세계를 가리키는 말이다.

3. 모두가 마음을 보는 것

무릇 색(色)[1]을 본다는 것은 모두 마음을 보는 것이다.

마음은 저 홀로 마음인 것이 아니라, 색으로 말미암아 마음이 있는 것이다.

그러므로 그대들이 다만 언제든지[2] 말을 하기만 하면 현상[3]으로 나아가든 도리[4]로 나아가든 전혀 막힐 것이 없다.

깨달음이라는 열매도 역시 이와 같다.

마음에서 생겨난 것을 이름하여 색이라 하는데, 색이 공(空)[5]임을 알면 생겨나는 것은 곧 생겨나지 않는 것이다.

만약 이 뜻을 깨달으면, 언제나 옷 입고 밥 먹으며 성태(聖胎)[6]를 키우고, 인연따라[7] 시간을 보낼 것이니, 다시 무슨 일이 있겠는가?

凡所見色　皆是見心　心不自心　因色故有　汝但隨時言說　卽事
卽理　都無所礙　菩提道果　亦復如是　於心所生　卽名爲色　知色空
故　生卽不生　若了此意　乃可隨時著衣喫飯　長養聖胎　任運過時
更有何事

| 도움말 |

색을 보는 것은 색이 아니요, 공을 말하는 것은 공이 아니다.
색도 아니고 공도 아니니, 잡을 것도 없고 놓을 것도 없다.
잡을 것도 없고 놓을 것도 없는 곳에서, 마음대로 잡고 마음대로 놓는다.

---

1 색(色)　물질. 지(地)·수(水)·화(火)·풍(風)의 4요소로 이루어진다고 여겼다. 여기서 색(色)은 단순히 물질만을 가리키는 것이 아니라, 오온(五蘊)의 경험 세계 전체를 대표하여 가리키는 이름이다. 오온은 우리의 경험 세계를 5가지 종류로 나누어 본 것으로서 색(色; 물질)·수(受; 감각)·상(想; 사유)·행(行; 의지)·식(識; 인식) 등이지만, 일반적으로는 색(色)을 가지고 오온 전체를 대표하여 말한다. 여기서도 그렇게 색을 가지고 물질적, 정신적인 경험 대상 전체를 대표하여 말하고 있다.

2 수시(隨時)　①언제나. 때를 가리지 않고. ②제때에. 그때그때. 즉각

즉각.

3 현상[事] 이것과 저것을 분별할 수 있고, 이름을 붙일 수 있는 경험 세계. 의식하고 인식하는 분별의 세계.

4 도리[理] 분별로 파악되지 않는 실상(實相). 현상[事]이 겉으로 드러나는 물결이라면, 도리[理]는 물결의 실상인 물. 물과 물결은 언제나 둘이 아니지만, 물결만을 분별하고 물결의 실상이 물이라는 사실에 어두우면 어리석은 범부이고, 물결이 곧 물이라는 사실을 깨달아 물결은 다만 물이 겉으로 드러나는 허망한 모습이고 물이야말로 진실이라는 사실이 밝아지면 부처라 한다.

5 마음은 공(空)이니, 마음에서 생겨난 색(色)도 공이다.

6 성태(聖胎) 십주(十住)·십행(十行)·십회향(十廻向)의 삼현위(三賢位)를 성태라 함. 성인될 인(因)을 말하는 것으로, 자신이 가지고 있는 종자로써 인(因)을 삼고 좋은 벗으로써 연(緣)을 삼아서 바른 법을 듣고 수습(修習)하여 본성을 길러 초지(初地)에 이르는 것.

7 임운(任運) 운(運)에 맡기다. 되는 대로 따라가나.

4. 마음의 노래

그대들은 나의 가르침을 받았으니, 나의 게송(偈頌)을 들어라.

마음이 그때그때 말하고,
깨달음¹⁾도 그러할 뿐이다.²⁾
현상에도 이치에도 막힘이 없으니,
지금의 삶은 곧 삶이 아니다.³⁾"

汝受吾教 聽吾偈曰 心地隨時說 菩提亦只寧 事理俱無礙 當生卽不生

| 도움말 |

현상과 이치 어디에도 걸리지 않는 곳은 어디인가?

현상과 이치이다.

---

1 깨달음〔菩提〕　보리(菩提)는 산스크리트 bodhi의 음사이고, 뜻으로는 깨달음〔覺〕· 지혜〔智〕· 도(道) 등으로 옮긴다. 즉, 보리(菩提)란 깨달음이라는 뜻이다.

2 지녕(只寧)　그러할 뿐이다. 그와 같을 뿐이다.

3 시중(示衆) 가운데 1~4까지의 내용은 『조당집(祖堂集)』제14권, 『경덕전등록(景德傳燈錄)』제6권, 『천성광등록(天聖廣燈錄)』제8권 등에도 실려 있다.

5. 도는 닦는 것이 아니다

어떤 스님이 물었다.
"어떤 것이 도(道)¹⁾를 닦는 것입니까?"
마조가 답했다.
"도는 닦는 것에 속하지 않는다.
만약 닦아서 이룬다고 하면, 닦아서 이루어지는 것은 다시 부서지니 곧 성문(聲聞)²⁾과 같을 것이다. 만약 닦지 않는다고 하면, 곧 범부(凡夫)³⁾와 같을 것이다."⁴⁾

僧問 如何是脩道 日 道不屬脩 若言脩得 脩成還壞 卽同聲聞 若言不脩 卽同凡夫

| 도움말 |

닦는 것이 이미 도이니,

도를 가지고 도를 닦을 수는 없다.

닦지 않는 것이 이미 도이니,

도를 가지고 도를 닦지 않을 수도 없다.

닦을 수도 없고 닦지 않을 수도 없는 이 순간,

도는 어디에 있는가?

벌써 다 드러나 있다.

---

1 **도(道)**　도(道), 법(法), 법문(法門), 마음, 심(心), 심지(心地), 심지법문(心地法門), 보리(菩提), 깨달음, 자성(自性), 본성(本性), 부처, 불성(佛性) 등은 모두 같은 것 즉 유일한 진리를 가리키는 말들이다.

2 **성문(聲聞)**　소승의 수행자. 성문(聲聞)은 부처의 말씀을 뜻으로 이해하여 수행과 깨달음을 분별하여 세워 놓고, 깨달음을 향한 수행을 의도적으로 실천해 가기 때문에, 무엇을 성취하는 일이 있다고 하여도 부자연스런 분별조작의 결과물이 되어서 결국 다시 원점으로 되돌아오게 된다는 것이 조사선에서의 성문에 대한 비판이다.

3 **범부(凡夫)**　범부는 애초에 깨달음과 공부에 대하여 아무 관심 없이 습관적으로 분별의 세계를 살아간다.

4 수행을 해야 하느냐 하지 말아야 하느냐가 문제가 아니라, 수행을

해서 깨달음에 이른다는 분별을 일으켜 이 분별에 따르는 것이 바로 문제이다. 바로 지금 분별을 일으켜 분별을 따르면 곧 이법(二法)이어서 불법(佛法)이 아니다. 지금 분별을 일으키지 않으면 부처도 없고, 범부도 없고, 수행도 없고, 깨달음도 없다. 이것이 불이법(不二法)이요, 불법(佛法)이다.

6. 도에 통달함

그 스님이 다시 물었다.
"어떤 견해(見解)를 내어야 도에 통달할 수 있습니까?"
마조가 말했다.
"자성은 본래부터 완전하여 모자람이 없다.
그러므로 다만 선이니 악이니 하는 일에 머물지 않기만 하면, 도 닦는 사람이라고 일컬을 것이다.
선에 머물고 악을 제거하며, 공(空)을 관(觀)하고 선정(禪定)에 들어가는 것 등은 곧 조작(造作)에 속한다.
만약 다시 밖으로 치달려 구한다면, 더욱더 멀어질 뿐이다.
그러므로 다만 삼계(三界)를 헤아리는 마음[1]이 없게만 하여라.
한 생각 허망한 마음이 곧 삼계에서 태어나고 죽는 뿌리가 되니, 다만 한 생각이 없기만 하면, 곧 삶과 죽음이라는 문제의 뿌리를 없애는 것이다.

이것이 바로 법왕(法王)2)의 위없는 보물을 얻는 것이다.

又問 作何見解 卽得達道 祖曰 自性本來具足 但於善惡事中 不滯 喚作修道人 居善捨惡 觀空入定 卽屬造作 更若向外馳求 轉疏轉遠 但盡三界心量 一念妄心 卽是三界生死根本 但無一念 卽除生死根本 卽得法王無上珍寶

| 도움말 |

견해(見解)를 내어서는 도에 통달할 수가 없다.

견해는 분별심으로 헤아리는 것일 뿐이다.

마음을 관찰하면 도에 통달할 수가 없다.

관찰하게 되면 이미 마음이 헤아려 경계를 만들어 낸 것이다.

선정에 들어가면 도에 통달할 수가 없다.

들어가고 나오는 것은

이미 마음이 헤아려 나타난 경계일 뿐이다.

마음에는 어떤 경계도 없다.

그러므로 헤아려 나타나는 경계는 모두 망상이다.

헤아리는 마음은 어떻게 없어질까?

헤아리는 마음이 없어야 한다고 헤아리지 말라.

헤아려도 망상이고, 헤아리지 않아도 망상이다.

어떻게 손을 써야 할까?

발을 뗄 수 없고 손을 쓸 수 없는 곳에서, 문득 통해야 하리라.

---

1 **심량**(心量) 중생이 마음에 미혹을 일으켜 갖가지 외계의 대상을 생각하는 것.
2 **법왕**(法王) 법에 통달하여 막힘이 없는 부처, 성인(聖人). 법에 구속되어 법에 부림을 당하면 범부요, 법에서 해탈하여 법을 부리면 부처요 법왕(法王)이다.

7. 범부凡夫

아득한 옛날부터 범부는 허망한 생각, 아첨, 왜곡, 삿됨, 거짓, 자기중심적 의식, 잘난 체함 등이 합하여 하나의 몸이 된 것이다.

그러므로 경전에서 말하길, '다만 여러 법(法)[1]이 모여서 이 몸을 이루니, 나타날 때에도 오직 법이 나타날 뿐이고 사라질 때에도 오직 법이 사라질 뿐이다. 이 법이 나타날 때에 내가 나타난다고 말하지 말고, 사라질 때에도 내가 사라진다고 말하지 말라.'[2] 고 하였다.

無量劫來 凡夫妄想 諂曲邪僞 我慢貢高 合爲一體 故經云 但以衆法合成此身 起時唯法起 滅時唯法滅 此法起時 不言我起 滅時不言我滅

| 도움말 |

나는 내가 아니다. 무엇이 나인가? 달이 나다. 해가 나다. 하늘의 구름이 나다. 내리는 빗방울이 나다. 길가의 꽃이 나다. 신발이 나다. 발이 나다. 다리가 나다. 손이 나다. 무지개가 나다. 산들바람이 나다. 커피 향이 나다. 그래도 모르겠거든, 팔을 한 번 휘저어 보라.

---

1 법(法) 저마다의 속성을 가지고 구별되게 나타나는 물질적이고 정신적인 일체의 경험 대상.

2 『유마힐소설경(維摩詰所說經)』 중권(中卷) 「문수사리문질품(文殊師利問疾品) 제5」

8. 하나를 맛보면 전부를 맛본다

    앞 순간[1], 뒤 순간, 가운데 순간에 순간순간 응대할 것이 없고 순간순간 고요히 사라진 것을 일러, 해인삼매(海印三昧)[2]가 모든 법을 포섭한다고 한다.
    마치 수없이 많은 다른 물줄기가 함께 큰 바다로 돌아가면 모두 바닷물이라 불리는 것과 같다.
    하나를 맛보면 모든 것을 맛보는 것이고, 큰 바다에 머물면 모든 물줄기에 섞이는 것이니, 마치 사람이 큰 바다에서 목욕하면 곧 모든 물줄기를 다 사용하는 것과 같다.

    前念後念中念 念念不相待 念念寂滅 喚作海印三昧 攝一切法 如百千異流 同歸大海 都名海水 住於一味 卽攝衆味 住於大海 卽混諸流 如人在大海中浴 卽用一切水

| 도움말 |

물에는 바다도 없고 강도 없는데, 사람들은 강에 물이 있고 바다에 물이 있다고 한다.

맛에는 하나도 없고 모든 것도 없는데, 사람들은 하나에 맛이 있고 모든 것에 맛이 있다고 한다.

---

1 념(念) 순간. 생각. 극히 짧은 시간. 머리카락 한 올을 세로로 열 등분 내지는 백 등분, 천 등분으로 가른다. 그리고 그 가른 것 하나를 옥판(玉板) 위에 올려놓고, 날카로운 칼날을 갖다 대어 자른다. 그 날카로운 칼날이 옥판에 도달할 때까지의 시간이 일념(一念)이다.(竪析一髮爲十分乃至白分千分. 以其一分置玉板上, 擧利刃斷. 約其利刃至板時爲一念也.)(『화엄일승법계도총수록(華嚴一乘法界圖叢髓錄)』)

2 해인삼매(海印三昧) 해인정(海印定)이라고도 함. 부처님이 『화엄경』을 설하려 할 때에 들어간 선정(禪定)의 이름. 바다에 풍랑이 쉬면 삼라만상이 모두 바닷물에 비치는 것 같이, 번뇌가 끊어진 부처님의 안정된 마음 가운데에는 과거·현재·미래의 모든 법이 밝게 나타나므로 해인정(海印定)이라 한다.

9. 성문[1] 聲聞

그러므로 성문은 깨달은 듯하다가 도리어 미혹(迷惑)[2]하게 되고, 범부는 미혹함 속에서 깨닫게 된다.

성문은, 성인(聖人)의 마음에는 본래 지위(地位)[3]·인과(因果)[4]·계급(階級)[5]이 없다는 것을 모르고, 마음으로 헤아려 수행이 원인이고 깨달음이 결과라고 허망하게 생각한다.

공정(空定)[6]에 머물러 긴긴 시간을 보내면, 비록 깨닫는다고 하여도 깨닫고 나서 다시 미혹해진다.

모든 보살(菩薩)[7]이 이러한 성문을 마치 지옥의 고통과 같이 여기는 것은, 성문이 이처럼 공(空)[8]에 빠지고 고요함에 머물러 불성(佛性)[9]을 보지 못하기 때문이다.

所以聲聞悟迷 凡夫迷悟 聲聞不知聖心 本無地位因果階級 心

量妄想 脩因證果 住於空定 八萬劫二萬劫 雖卽已悟 悟已卻迷
諸菩薩 觀如地獄苦 沈空滯寂 不見佛性

| 도움말 |

눈이 스스로를 보려고 한들 볼 수 있겠는가?
손이 스스로를 잡으려 한들 잡을 수 있겠는가?
다른 것들을 보는 그곳에 눈이 있고,
다른 것들을 잡는 그곳에 손이 있다.

---

1 **성문(聲聞)** Śrāvaka의 번역어. 소리를 듣는 사람이란 뜻이다. 부처의 설법을 듣고서 깨닫는 사람을 가리킨다. 원래는 석가모니의 제자들을 가리킨 말이다. 그러나 대승불교에서 성문(聲聞)·연각(緣覺)·보살(菩薩)을 구분하여 말할 경우에는 뜻이 달라진다. 이때의 성문은 소승불교의 수행자로서 방편의 말씀을 듣고 그 가르침대로 실천하여 지혜를 성취하려고 노력하는 사람이지만, 지혜와 어리석음을 구분하고 부처와 중생을 구분하여 이쪽을 취하고 저쪽을 버리는 분별에 바탕을 둔 수행을 하여, 어리석음을 버리고 지혜를 취하며 중생을 떠나 부처가 되려고 하므로 의도적인 조작이 되어서, 본래 둘이 없는 참된 진리에는 결코 이를 수가 없는 사람이다. 반면에 대승불교의 보살은 애초에 둘이 아닌 진실한 법문에 자리하여 분별망상을 일으키지 않는 사람이다. 마조는 여기서 대승불교의 보살과

비교하여 소승불교의 성문이 가진 이런 문제를 거론하고 있다.

2 **미혹(迷惑)**   미(迷)는 안정되지 못하고 이리저리 헤매는 것이고, 혹(惑)은 속는 것이다. 분별망상에 속아서 본래 마음을 잊어버리고, 드러나고 사라지는 허망한 모습을 따라 이리저리 헤매고 다니는 중생의 상태.

3 **지위(地位)**   범부의 지위, 보살의 지위, 부처의 지위 등으로 이름과 특성에 따라 구분되는 위치.

4 **인과(因果)**   수행이라는 원인이 깨달음이라는 결과를 가져온다는 관념. 인과법칙. 원인에 의하여 결과가 나타난다는 인과법칙은, 먼저 원인과 결과를 각각 따로 세운 뒤에야 가능한 법칙이므로 불이법문(不二法門)에는 알맞지가 않다. 즉, 인과법은 분별심(分別心) 위에서 이분법(二分法)으로 세워진 법칙이다. 그러므로 깨달음의 진실에는 인과법칙이 해당되지 않는다.

5 **계급(階級)**   1단계, 2단계……처럼 차례차례 수행하고 성취해 나아가는 점차적인 단계를 계급이라 한다. 역시 분별심에 근거한 이분법이므로 불이법문인 진리에는 해당되지 않는다.

6 **공정(空定)**   사공정(四空定). 사무색정(四無色定)과 같음. ①공무변처정(空無邊處定). 먼저, 색(色)의 속박을 싫어하여 벗어나기 위해 색의 상(相)을 버리고 무한한 허공관을 하는 선정(禪定). ②식무변처정(識無邊處定). 다시 더 나아가, 내식(內識)이 광대 무변하다고 관하는 선정. ③무소유처정(無所有處定). 식(識)인 상(想)을 버리고, 심무소유(心無所有)라고 관하는 선정. ④비상비비상처정(非想非非想

處定). 앞의 식무변처정은 무한한 식(識)의 존재를 관상(觀想)하므로 유상(有想)이고, 무소유처정은 마음이 존재하지 않는 것을 관상하므로 비상(非想)인데, 이것은 유상을 버리고 비상을 버리는 선정이므로 비상비비상정이라 함. 이것은 소승(小乘)이 노력하여 성취하는 것들임.

7 보살(菩薩) bodhi-sattva를 음사한 보리살타(菩提薩埵)를 줄여서 보살(菩薩)이라 한다. bodhi는 깨달음이라는 뜻이고 sattva는 중생이라는 뜻이므로, 보살은 깨달음을 찾는 중생이라는 뜻이다. 일반적으로 보살은 소승(小乘)의 수행자인 성문(聲聞)에 대비하여 대승(大乘)의 수행자를 일컫는 말이다.

8 공(空) 소승인 성문이 빠진 공(空)을 악취공(惡取空) 혹은 편공(偏空)이라고 하는데, 모습으로 드러난 모든 현상 세계의 본질은 아무것도 없는 허무(虛無)라고 분별하고서, 드러난 현상계를 버리고 아무것도 없는 허무를 실체라고 여겨 추구하기 때문에 '공(空)에 빠졌다' 혹은 '공에 치우쳤다'고 한다. 대승불교에서 말하는 공은 중도(中道)와 같은 뜻으로서 현상계를 분별상(分別相)으로 보지 않는 것이다. 분별상을 떠나 공(空)이라는 실상을 따로 세우지는 않는다.

9 불성(佛性) 깨달음의 본성(本性). 곧 깨달음, 본래 마음, 실상(實相).

10. 말끝에 깨달음

만약 상근기[1] 중생이라면 문득 선지식[2]의 가르침을 받고서 말을 듣고 바로 깨달아서, 다시는 계급과 지위를 거치지 않고 즉시 본성을 깨닫는다.

그러므로 경전에 말하기를, '범부에게는 되돌아오는 마음이 있으나 성문에게는 없다.'[3]고 한 것이다.

若是上根衆生 忽爾遇善知識指示 言下領會 更不歷於階級地位 頓悟本性 故經云 凡夫有反覆心 而聲聞無也

| 도움말 |

원하라, 그러면 주어질 것이요.
두드려라, 그러면 열릴 것이다.

주어지는 것이지, 애써 노력하여 얻는 것이 아니다.
열리는 것이지, 힘써 밀어서 여는 것이 아니다.
그러나 원하지 않으면 주어지지 않고,
두드리지 않으면 열리지 않는다.
주어지고 열릴 때에는 마치 불청객이 찾아오는 것처럼
어느 날 문득 찾아온다.

---

1 상근기(上根機) 근기(根機)는 가르침을 듣고 깨달을 수 있는 능력을 가리키는 말인데, 이 근기가 높은가 낮은가 하는 것은 진리인 불법(佛法)과 스승인 부처와 그의 가르침에 대한 믿음의 깊이가 얼마나 깊은가 얕은가에 의하여 좌우된다. 깊은 믿음을 가지고 끈기 있게 가르침에 귀를 기울이면 어렵지 않게 깨달음에 도달하지만, 믿음이 얕으면 자기의 경험과 견해에 의존하기 때문에 깨달음에 도달하기가 힘들게 된다.

2 선지식(善知識) 바른 진리를 가르치는 자를 선지식(善知識) 혹은 선우(善友)라 하고, 그릇된 사견(邪見)을 가르치는 자를 악지식(惡知識) 혹은 악우(惡友)라 한다.

3 『유마힐소설경』「불도품(佛道品) 제8」

11. 항상 법성삼매

　미혹에 대응하여 깨달음을 말하니 본래 미혹이 없다면 깨달음 또한 있을 수 없다.
　일체 중생은 애초부터 법성삼매(法性三昧)¹⁾를 벗어난 적이 없이 늘 법성삼매 속에서 옷 입고 밥 먹고 말하고 응대하고 있다.
　그러므로 육근(六根)²⁾의 작용과 모든 행위와 동작이 전부 법성(法性)이다.
　근원으로 돌아갈 줄 모르고 이름을 따르고 모습을 좇으면 미혹한 생각이 망령되이 일어나 여러 가지 업을 짓게 되지만, 만약 한순간 돌이켜 비추어 볼 수 있다면 모두가 성인의 마음이다.

　　對迷說悟 本旣無迷 悟亦不立 一切衆生 從無量劫來 不出法性三昧 長在法性三昧中 著衣喫飯 言談祗對 六根運用 一切施

爲 盡是法性 不解返源 隨名逐相 迷情妄起 造種種業 若能一念 返照 全體聖心

| 도움말 |

법성삼매가 무엇인가?

옷 입는 것이고, 밥 먹는 것이고, 말하는 것이고, 절하는 것이다.

그러나 그대가, 옷 입고 밥 먹고 말하고 절하는 것을 법성삼매라고 여긴다면, 즉시 하늘과 땅만큼 어긋난다.

---

1 **법성삼매(法性三昧)** 법성(法性)은 법(法)의 본성. 곧, 세계의 모든 현상이 지니고 있는 불변의 진실. 삼매(三昧)는 정(定)이라는 뜻으로 흔들림 없이 머물러 안정되어 있다는 말. 그러므로 법성삼매란 변함없는 진실 속에 흔들림 없이 머물러 안정되어 있다는 뜻이다.

2 **육근(六根)** 인식(認識)의 통로가 된다고 하는 6개의 기관, 즉 눈· 귀·코·혀·몸뚱이·의식(意識) 등.

12. 자기 마음을 알면 된다

    그대들은 모두 각자 자기의 마음에 통달하고, 내 말은 기억하지 말라.

    강바닥의 모래알만큼 많은 도리를 말할 수 있다고 하여도 그 마음은 늘어나지 않으며, 비록 말하지 못한다고 하여도 그 마음은 줄어들지 않는다.

    말할 수 있는 것도 그대의 마음이고, 말하지 못하는 것도 그대의 마음이다.

    나아가 몸을 나누어 나타나고[1] 빛을 낸다거나[2] 18가지로 신통한 변화[3]를 나타낸다고 하여도 나에게는 불 꺼진 재를 되돌려 주는 것이 더 낫다.

    汝等諸人 各達自心 莫記吾語 縱饒說得河沙道理 其心亦不增

縱說不得 其心亦不滅 說得亦是汝心 說不得亦是汝心 乃至分身
放光 現十八變 不如還我死灰來

| 도움말 |

나의 마음을 내가 가꾸는 것이 아니다. 내가 없고 마음만 있는
것이다. 그러므로 내가 사라져야 비로소 마음이 드러난다. 내가
있으면 마음은 나의 뒤에 가려서 드러나지 않는다. 나는 무엇인
가? 기억이 나요, 도리가 나요, 신통변화가 나다.

---

1 **분신**(分身)　불·보살이 중생을 교화하기 위하여 그 몸을 나누어 곳
곳에 나타나는 것. 또 변화하여 나타난 몸.

2 **방광**(放光)　방광삼매(放光三昧). 중생들의 욕락을 따라 혹은 열(熱),
혹은 냉(冷), 혹은 불열불냉(不熱不冷)의 빛을 나타내는 선정(禪定).

3 **십팔변**(十八變)　불·보살이 나타내는 열여덟 가지 신변부사의(神變
不思議).『유가사지론(瑜伽師地論)』제37권에 있음. 진동(震動)·치
연(熾然)·유포(流布)·시현(示現)·전변(轉變)·왕래(往來)·권
(卷)·서(舒)·중상입신(衆像入身)·동류왕취(同類往趣)·은(隱)·
현(顯)·소작자재(所作自在)·제타신통(制他神通)·능시변재(能施
辯才)·능시억념(能施憶念)·능시안락(能施安樂)·방대광명(放大光
明).『법화경(法華經)』「엄왕품」에도 있음.

13. 불 꺼진 재와 불씨

장맛비가 지나 불 꺼진 재에 불씨가 남아 있지 않은 것은 마치 성문이 망령되이 닦음에 근거하여 깨달음을 얻으려는 것과 같고, 아직 장맛비가 지나지 않아 불 꺼진 재에 불씨가 남아 있는 것은 마치 보살의 도(道) 공부가 순수하게 무르익어서 어떤 나쁜 것에도 물들지 않는 것과 같다.

淋過死灰無力 喻聲聞妄脩因證果 未淋過死灰有力 喻菩薩道業純熟 諸惡不染

| 도움말 |

믿음을 가져야 한다. 믿음은 관심을 낳고, 관심은 의문을 낳고, 의문은 스스로 해결되려고 하는 힘이 있다. 의문이 저절로 해

결되면, 본래 그대로의 진실이 드러나고, 어디에도 손쓸 필요가 없어진다.

14. 마음을 깨달으면 된다

만약 여래(如來)¹⁾가 방편(方便)으로 가르친 삼장(三藏)²⁾을 말한다면, 아무리 긴 세월 동안 말하더라도 끝이 없어서 마치 쇠사슬이 끊어지지 않는 것과 같을 것이지만, 만약 성인의 마음을 깨닫는다면, 남은 일이 전혀 없다.
오래 서 있었으니 그만 쉬어라."³⁾

若說如來權教三藏 河沙劫說不盡 猶如鉤鎖亦不斷絕 若悟聖心 總無餘事 久立珍重

| 도움말 |

헤아리면 천 걸음 만 걸음을 걷고 있지만, 헤아리지 않으면 언제나 한 걸음일 뿐이다. 헤아리면 이곳과 저곳을 걸어다닌 것이

지만, 헤아리지 않으면 언제나 걷고 있을 뿐이다.

---

1 여래(如來) tathāgata의 번역어. 여거(如去)라고도 번역된다. 깨달은 자, 부처, 깨달음, 진리 등의 뜻.

2 방편(方便)**으로 가르친 삼장**(三藏) 부처님의 가르침을 문자화하여 모아 놓은 대장경(大藏經)은 세 부분으로 구성되어 있어서 삼장(三藏)이라고 한다. 그것은 진리에 대한 부처님의 말씀을 모은 경(經), 계율을 모은 율(律), 경(經)의 요점을 체계적으로 정리한 논(論) 등 셋이다. 이들 속에 진리가 저장되어 있다고 하여 삼장(三藏)이라고 하는 것이다. 진리는 본래 말로써 설명하거나 이론화할 수 있는 것이 아니지만, 말을 통하지 않으면 가르침을 펼 수 없기 때문에, 마치 달을 가리키는 손가락처럼 말을 수단으로 하여 진리를 가리킨다는 뜻에서 이 삼장의 가르침은 방편(方便)이라 한다. 방편은 수단이라는 뜻이다. 그러므로 경전을 읽는 사람은 그 내용을 제계석으로 이해하는 것으로 그쳐서는 안 되고, 경전의 말씀이 가리키고 있는 깨달음을 얻어야 한다. 깨달음을 얻어야만 경전의 내용을 참으로 소화시킬 수 있는 것이다.

3 시중 5~14까지의 내용은 『천성광등록』 제8권, 『고존숙어록(古尊宿語錄)』 제1권에도 실려 있다.

15. 도는 닦을 필요가 없다

법당에 올라 말했다.

"도는 닦을 필요가 없다.
다만 더럽히지만 말라.
어떤 것이 더럽히는 것인가?
분별하는 마음으로써 조작하고 추구하기만 하면 모두 바로 더럽히는 것이다.

　　示衆云　道不用脩　但莫汙染　何爲汙染　但有生死心　造作趣向　皆是汙染

| **도움말** |

홀연 소식이 오면, 닦을 수도 없고 더럽혀질 수도 없다는 사실을 깨닫게 될 것이다.

16. 평상심이 도이다

즉시 도(道)를 알고자 하는가?
평상심(平常心)이 바로 도이다.
무엇을 일러 평상심이라 하는가?
조작함이 없고, 옳고 그름을 따짐이 없으며, 취하거나 버림이 없고, 끊어짐과 이어짐이 없으며, 범부도 없고 성인도 없는 것이 바로 평상심이다.
경전에 말하기를, '범부의 행위도 아니고 성인의 행위도 아닌 것이 바로 보살의 행위이다.'[1]라고 하였다.

若欲直會其道 平常心是道 何謂平常心 無造作 無是非 無取捨 無斷常 無凡無聖 經云 非凡夫行 非聖賢行 是菩薩行

| **도움말** |

이것도 아니고 저것도 아닌 곳에서 또렷이 드러난다.

아는 것도 아니고 모르는 것도 아닌 곳에서 문득 드러난다.

이렇게도 할 수 없고 이렇게 아니할 수도 없는 곳에서 확 뚫어진다.

---

1 『유마힐소설경』「문수사리문질품(文殊師利問疾品) 제5」

17. 온갖 작용이 모두 도道

다만 지금 가고 머물고 앉고 누우며 때에 따라 사물을 대함이 모두 도이다.

도는 곧 법계(法界)[1]인데, 온갖 묘한 작용이 모두 법계를 벗어나지 않는다.

만약 그렇지 않다면, 무엇을 일러 심지법문(心地法門)[2]이라 말하고, 무엇을 일러 무진등(無盡燈)[3]이라 말하겠는가?

只如今行住坐臥 應機接物 盡是道 道卽是法界 乃至河沙玅用 不出法界 若不然者 云何言心地法門 云何言無盡燈

| 도움말 |

지금 가고 · 머물고 · 앉고 · 눕는 것이 모두 도이지만, 가고 ·

머물고·앉고·눕는 것이 도라고 생각하는 바람에 도가 숨어 버렸다. 생각하지 않는다면, 가고·머물고·앉고·눕는 것은 어디에 있는가?

---

1 **법계(法界)** 법(法)인 세계, 혹은 법의 세계. 세계를 분별하여 보면 헤아릴 수 없이 많은 법이 있는 만법(萬法)의 세계이지만, 분별을 떠나서 보면 두 법이 없는 불이법(不二法)의 세계로서 하나의 진실한 법의 세계〔一眞法界〕이다.

2 **심지법문〔心地法門〕** 마음을 심(心), 심법(心法), 심지(心地), 심지법(心地法), 심지법문(心地法門)이라고 한다. 심법은 마음이 곧 진리라는 것이고, 심지는 마음은 땅과 같아서 모든 것이 마음에 의지하여 생긴다는 것이다. 심지법문(心地法門)은 황벽(黃檗)의 『전심법요(傳心法要)』에, "이른바 심지법문이란 만법이 모두 이 마음에 의지하여 건립된다는 말이니, 경계를 만나면 마음이 있고 경계가 없으면 마음도 없다."(所謂心地法門 萬法皆依此心建立 遇境卽有 無境卽無)라고 그 의미를 밝히고 있다. 그러나 『마조록(馬祖錄)』에서도 이미 같은 의미에서 심지법문을 말하고 있다. "무엇을 일컬어 심지법문이라 하고 무엇을 일컬어 무진등이라고 하는가. 일체법은 모두 마음법이고 일체의 이름은 모두 마음의 이름이다. 만법이 모두 마음으로부터 생겨나므로 마음이 만법의 근본이다."(云何言心地法門 云何言無盡燈 一切法 皆是心法 一切名 皆是心名 萬法皆從心生 心爲萬法

之根本)

3 무진등〔無盡燈〕 ①한 개의 등불로 수많은 등불을 켤 수 있는 등. 한 사람의 법으로써 수많은 사람을 교화하여도 다함이 없는 데 비유한 것임. ②장명등(長命燈·長明燈)이라고도 한다. 밤낮 끊임없이 불을 켜서 꺼지지 않게 하는 등불. 모습을 따라 분별하면 시간은 과거·현재·미래를 거쳐 흘러가고 장소는 이곳과 저곳이 따로 있으나, 모든 시간과 모든 장소가 마음이라는 등불 앞에서 나타나고 사라진다. 시간도 공간도 삼라만상도 모두 생겨나고 사라지지만, 마음이라는 등불은 애초부터 언제나 켜져 있다. 이 모든 것들이 마음 등불의 밝음 속에서 나타나고 사라지는 것이다. 마치 영원히 돌아가는 영화와 같다고 할까? 영화 속에서 계절은 흘러가고 꽃이 피고 지고 사람이 태어나고 죽지만, 영사기는 언제나 한결같이 돌아가고 있는 것이다.

18. 온전히 하나

모든 것은 전부 마음이다.
모든 이름은 전부 마음의 이름이다.
온갖 것들이 모두 마음으로부터 생겨나니 마음이 만물의 근본이다.
경전에, '마음을 알아 근원에 통달하니 그 때문에 사문(沙門)[1]이라고 한다.'[2]고 하였다.
이름도 같고 뜻도 같고 모든 것들이 전부 같아서, 순수한 하나이고 뒤섞임이 없다.

一切法 皆是心法 一切名 皆是心名 萬法皆從心生 心爲萬法之根本 經云 識心達本源 故號爲沙門 名等義等 一切諸法皆等 純一無雜

| 도움말 |

목탁은 목탁이고 죽비는 죽비여서,

죽비는 목탁이 아니고 목탁은 죽비가 아니다.

목탁은 목탁이지만 마음은 마음이 아니다.

마음은 목탁이 아니지만, 목탁은 마음이다.

죽비는 죽비지만 마음은 마음이 아니다.

마음은 죽비가 아니지만, 죽비는 마음이다.

---

1 사문(沙門) Śramaṇa의 음사(音寫). 출가(出家) 수행자, 승려.

2 이 구절은 다음의 두 경전에 등장하는데, 식심(識心)은 경전에서는 식심(息心)으로 되어 있다. "마음을 쉬고 본원에 통달하기 때문에 사문이라고 일컫는다."(息心達本源, 故號爲沙門)(『중본기경(中本起經)』 상권(上卷) 「사리불대목건련내학품(舍利弗大目揵連來學品) 제5」 "마음을 쉬고 본원에 통달하기 때문에 사문이라고 일컫는다." (息心達本原, 故號爲沙門)(『찬집백연경(撰集百緣經)』 제10권 「제연품(諸緣品) 제10」 '(99)장과범지연(長瓜梵志緣)'

19. 하나를 들면 다 따라온다

만약 교문(敎門)[1] 속에서도 언제나 자재(自在)[2]할 수 있다면, 법계를 세우면 모두 법계 아님이 없고, 진여[3]를 세우면 모두 진여 아님이 없고, 이치를 세우면 모든 법이 이치 아님이 없고, 사실을 세우면 모든 법이 사실 아님이 없다.

하나를 들면 천 가지가 따라오니, 이치와 사실이 서로 다르지 않다.

모두가 오묘한 작용이고 다시 무슨 특별한 원리는 없다.

모두가 마음의 작용에서 말미암는다.

비유해서 말하면, 달그림자는 여럿이 있으나 달은 하나뿐이며, 샘은 여럿이 있으나 물은 하나뿐이며, 삼라만상은 다양하나 허공은 하나뿐이며, 도리를 말하는 것은 다양하나 막힘없는 지혜는 하나뿐임과 같다.

若於敎門中 得隨時自在 建立法界 盡是法界 若立眞如 盡是眞如 若立理 一切法盡是理 若立事 一切法盡是事 舉一千從 理事無別 盡是玅用 更無別理 皆由心之迴轉 譬如月影有若干 眞月無若干 諸源水有若干 水性無若干 森羅萬象有若干 虛空無若干 說道理有若干 無礙慧無若干

| 도움말 |

하나뿐인 진실은 어디에 있는가?

하~! 나~! 뿐~!

---

1 **교문(敎門)** 교상문(敎相門)의 준말. 불교의 진리인 깨달음에 들어가는 문(門)은 두 가지가 있는데, 언어를 방편으로 사용하여 마음을 가리키는 문과 방편을 사용하지 않고 바로 마음을 가리키는 문이 있다. 교문(敎門)은 언어를 사용하는 방편문(方便門)이다. 말로써 모습을 분별하는 것을 방편으로 삼아 마음의 실상(實相)을 가르치는 것으로서 교학(敎學) 혹은 불교 철학과 같은 뜻. 이에 대응하는 말은 관심문(觀心門)으로서 마음을 바로 관찰하도록 가르친다는 뜻이다. 조사선에서 일반적으로 교문(敎門)에 대응하는 것을 말할 때에는 관심문이라는 말보다는 선문(禪門)이라는 말을 사용한다. 선문은 불립문자(不立文字)·교외별전(敎外別傳)·직지인심(直指人

心)의 가르침이므로 교문과는 다르다.

2 **자재**(自在)　스스로 존재함. 스스로에게서 말미암는다는 자유(自由)와 같은 말. 온갖 망상에 매여서 망상을 따라다니며 자유롭지 못한 중생에 대하여, 진실을 깨달아 망상의 구속에서 풀려난 부처의 자유를 일컫는 말이다. 어디에도 의지하지 않으며, 완전히 독립적이고, 불만족이 없으며, 모자라지도 남지도 않고, 다시는 할 일이 남아 있지 않다.

3 **진여**(眞如)　tathātā의 번역어. 마음의 실상(實相)을 나타내는 말. 허망하지 않은 진실[眞]과 생멸변화가 없는 한결같음[如]으로 마음의 실상을 표시하였다.

20. 서 있는 곳이 바로 진리

여러 가지가 성립되지만,
모두가 한 마음으로부터 말미암는 것이다.
일으켜 세워도 좋고 싹 쓸어 버려도 좋으니,
모두가 오묘한 작용이며
모두가 자신의 일이다.
진리를 떠나서는 설 곳이 없으니
서 있는 곳이 바로 진리이며,
모두가 자신의 본바탕이다.
만약 그렇지 않은 자라면, 또 어떤 사람인가?

種種成立 皆由一心也 建立亦得 掃蕩亦得 盡是妙用 盡是自家 非離眞而有立處 立處卽眞 盡是自家體 若不然者 更是何人

| 도움말 |

서 있는 곳이 바로 진리다.
그대는 지금 어디에 서 있는가?
찾았다 하면 이미 어긋난 것이다.
찾지 못했으면 어둠에 싸인 중생이다.
그대는 지금 어디에 서 있는가?
생각으로는 서 있을 수 없음을 명심하라.
그대는 지금 어디에 서 있는가?

21. 곳곳이 부처

모든 것이 전부 불법(佛法)[1]이니, 모든 것은 곧 해탈(解脫)[2]이다. 해탈이란 곧 진여(眞如)이니, 모든 것은 진여를 벗어나지 않는다.
가고 머물고 앉고 눕는 것이 모두 생각으로는 헤아려 볼 수 없는 작용이며, 때를 기다려서 이루어지는 것이 아니다.
경전에서는, '곳곳이 바로 부처 있는 곳이다.'[3]라고 하였다.

一切法皆是佛法 諸法卽是解脫 解脫者卽是眞如 諸法不出於眞如 行住坐臥 悉是不思議用 不待時節 經云 在在處處 則爲有佛

| 도움말 |

지금 그대가 서 있는 곳에는 시간이 없다.
지금 그대가 서 있는 곳에는 장소가 없다.
지금 그대가 서 있는 곳에는 그대가 없다.
지금 그대가 서 있는 곳을 떠나서도 그대는 없다.
뒤를 돌아보아도 그대는 없고, 앞을 내다보아도 그대는 없다.
기억 속에도 그대는 없고, 기다려도 그대는 오지 않는다.
당장 그대를 확인하지 못한다면, 그대는 영원히 없으리라.

---

1 불법(佛法) 불(佛)은 깨달음, 법(法)은 진리, 즉 깨달음의 진리. 불법(佛法), 마음, 심지(心地), 심지법문(心地法門), 불성(佛性), 견성(見性), 깨달음, 도(道) 등의 말들은 모두 동일한 것을 나타내고 있다.

2 해탈(解脫) 분별망상(分別妄想)에서 벗어남. 어리석음으로부터 벗어남. 즉 깨달음을 가리키는 말. 깨달아 진리에 있으면 망상으로부터 자유로우므로, 해탈은 불법(佛法)과 같은 뜻이다.

3 이 구절은 다음 두 경전의 구절에 근거를 두고 말한 것 같다. "이와 같은 반야바라밀다는 큰 신통력을 갖추고 있어서, 있는 곳이면 곧 부처가 있어서 모든 불사를 한다."(如是般若波羅蜜多具大神力, 隨所在處則爲有佛作諸佛事.)(『대반야바라밀다경(大般若波羅蜜多經)』 제430권 「제2분설리라품(第二分設利羅品) 제35」) "이와 같은 경전이 있는 곳이라면 곧 부처가 있는 것이다."(若是經典所在之處, 則爲有佛)(『금강반야바라밀경(金剛般若波羅蜜經)』)

22. 막힘이 없다

부처는 능인(能仁)¹⁾이니 지혜롭고 뛰어나게 작용하는 성질을 갖추고 있어서, 모든 중생의 의심의 그물²⁾을 잘 부순다.

있느니 없느니 하는 등의 결박³⁾에서 빠져나와 범부니 성인이니 하는 분별이 사라지고 사람과 세계가 모두 공(空)이면, 둘 없는 법바퀴⁴⁾를 굴리며 숫자로 헤아림을 벗어나 하는 일에 막힘이 없고 사실과 이치에 모두 통한다.

마치 하늘에서 구름이 일어나 문득 다시 없어지지만 흔적을 남기지 않는 것과 같고, 물에다 그림을 그려서 무늬가 나타나지만 생기는 것도 아니고 사라지는 것도 아님과 같다.

이것이 바로 대적멸(大寂滅)⁵⁾이다.

佛是能仁 有智慧善機性 能破一切衆生疑網 出離有無等縛 凡

聖情盡 人法俱空 轉無等輪 超於數量 所作無礙 事理雙通 如天起雲 忽有還無 不留蹤跡 猶如畫水成文 不生不滅 是大寂滅

| 도움말 |

물에다 그림을 그리면 무늬가 나타나지만,
생기는 것도 없고 사라지는 것도 없다.
입을 열어서 말을 하면 온갖 말소리가 들리지만,
생기는 것도 없고 사라지는 것도 없다.
이런저런 생각을 하면 온갖 생각이 끝없이 나타나지만,
생기는 것도 없고 사라지는 것도 없다.
마음을 말하고 부처를 말하고 깨달음을 말하고 열반을 말하지만, 생기는 것도 없고 사라지는 것도 없다.
눈앞에 온갖 경계가 나타나고 사라지지만,
생기는 것도 없고 사라지는 것도 없다.
여러 곳을 방문하여 여러 사람을 만나지만,
생기는 것도 없고 사라지는 것도 없다.
금을 녹여서 여러 가지 물건을 만들지만,
생기는 것도 없고 사라지는 것도 없다.
이것이 바로 대적멸이다.

1 **능인(能仁)** Śākya-muni(석가모니)의 번역. Śākya를 능인(能仁)이라 한역(漢譯)하고 muni를 적묵(寂默)이라 한역하여 능인적묵(能仁寂默)이라 하는데, 줄여서 능인이라고 함. 부처님의 별명 가운데 하나. 여기서 마조는 능인(能仁)을 일부러 뜻을 따라 해석하여 '뛰어나게 어질다' 혹은 '뛰어난 능력을 가진 어진 사람' 등으로 말하고 있다.

2 **중생의 의심의 그물** 진리는 분별되는 모습으로 드러나지 않고, 생각으로는 도무지 상상할 수도 없으므로, 중생에게 진리를 말해 주어도 쉽사리 믿지 않는다. 중생은 분별망상의 그물 속에서 자신이 보고, 느끼고, 이해하는 것만을 받아들이려는 경향이 있기 때문이다. 그러므로 깨닫고자 하는 공부인은 모름지기 자신의 생각이나 지식에 의지하지 말고, 스승의 가르침에 귀를 기울여야 한다. 자기를 버리고 스승을 따를 때, 비로소 깨달음이 온다.

3 **있느니 없느니 하는 등의 결박** 분별(分別)의 결박. 우리의 생각과 의식은 전부 분별 속에 있다.

4 **둘 없는 법바퀴** 분별을 벗어난 불이(不二)의 진리. 모습을 구분하고 이름을 붙이는 분별은 기본적으로 이원(二元)이다. 깨달음은 모습을 구분하는 가운데 모습이 아닌 것이고, 이름을 붙이는 가운데 이름이 아닌 것이어서, 불이(不二)이다.

5 **대적멸(大寂滅)** 대열반(大涅槃). 번뇌망상이 모두 소멸하고 진리가 드러남.

23. 의지함이 없다

번뇌[1]에 묶여 있을 때를 일러 여래장[2]이라 하고, 번뇌에서 벗어날 때를 일러 청정법신[3]이라 한다.

법신[4]은 끝이 없어서, 늘어나지도 않고 줄어들지도 않지만, 클 수도 있고 작을 수도 있으며, 모날 수도 있고 둥글 수도 있으며, 사물을 따라서 모습을 드러내는 것이 마치 물 속의 달과 같아서, 끊임없이[5] 움직이지만 뿌리를 내리지는 않는다.

유위(有爲)[6]를 없애지도 않고, 무위(無爲)[7]에 머물지도 않는다.

유위는 무위가 작용하는 것이고, 무위는 유위가 의지하는 것이지만, 의지함에 머물지 않기 때문에 '허공처럼 의지할 것이 없다.'[8]고 하는 것이다.

在纏名如來藏 出纏名淨法身 法身無窮 體無增減 能大能小 能方能圓 應物現形 如水中月 滔滔運用 不立根栽 不盡有爲 不住無爲 有爲是無爲家用 無爲是有爲家依 不住於依 故云如空無所依

| 도움말 |

무엇이 부처입니까?

비가 내린다.

무엇이 마음입니까?

우산을 펼쳐라.

무엇이 깨달음입니까?

함께 쓰고 가자.

---

1 **번뇌(煩惱)** 분별로 말미암아 허망한 의식이 생기고, 허망한 의식 속에서 자신의 진실한 모습을 잃고서 헛되이 헤매어 다니는 삶은 괴로운 삶이다. 이 괴로움을 번뇌라 한다.
2 **여래장(如來藏)** 여래(如來) 곧 우리의 진실한 본래 모습이 허망한 의식 속에 숨겨져 (藏) 있다고 하여, 여래장이라고 한다. 자신의 본래 모습을 깨닫기 이전의 자신의 본래 모습을 가리키는 말이 곧 여래장이다.

3 **청정법신(淸淨法身)**　깨끗한 진리의 몸. 깨끗한 진리의 몸이 분별망상의 번뇌에 덮여 숨겨져 있을 때를 여래장(如來藏)이라고 한다면, 자신의 본래 모습을 깨달아 밝혀서 자신의 본래 모습이 드러난 것을 청정법신이라고 한다. 분별망상의 번뇌에 덮여 있지 않은 깨끗한 진리의 몸이라는 뜻이다.

4 **법신(法身)**　진리의 몸. 자신의 진실한 본래 모습. 마음, 깨달음, 반야, 불성, 본래면목 등과 같은 말.

5 **도도(滔滔)**　① 끝이 없다. ② 끊임이 없다.

6 **유위(有爲)**　분별에 의지하여 헤아리고 판단해서 하는 행동. 분별망상과 같은 말. 보통 깨닫지 못한 사람들의 행동은 모두 유위의 행동이다.

7 **무위(無爲)**　분별에 의지하지 않고, 진리에 바로 통하는 행동. 의도적이지 않은 자연스런 행위. 행동함 없이 행동하는 것. 깨달음을 체험하면 행위하되 분별에는 의지하지 않게 된다.

8 "모든 법의 모습에 통달히여 장에가 없으니, 히공처럼 의지할 바 없음에 머리 숙여 절합니다."(達諸法相無罣礙, 稽首如空無所依)(『유마힐소설경(維摩詰所說經)』「불국품(佛國品) 제1」)

24. 무엇도 취하지 않음

심생멸(心生滅)이란 뜻도 있고, 심진여(心眞如)¹⁾란 뜻도 있다. 심진여란 비유하면 밝은 거울이 모습을 비추는 것과 같다. 거울은 마음에 해당하고 모습은 모든 대상²⁾에 해당한다. 만약 마음이 대상을 취하면 바깥 인연과 교섭하게 되니 바로 생멸의 뜻이며, 어떤 대상도 취하지 않으면 바로 진여의 뜻이다.

心生滅義 心眞如義 心眞如者 譬如明鏡照像 鏡喻於心 像喻諸法 若心取法 卽涉外因緣 卽是生滅義 不取諸法 卽是眞如義

| 도움말 |

생멸의 뜻도 아니고 진여의 뜻도 아니면, 마음도 없고 대상도 없다.

마음도 없고 대상도 없고, 생멸도 없고 진여도 없는 것, 이것이 바로 대적멸이다.

대적멸은 생생하고 분명하고 부정할 수 없지만, 한 물건도 붙잡을 것은 없다.

---

1 **심생멸(心生滅)과 심진여(心眞如)** 마음은 본래 부분이 없는 하나여서 일심(一心)이다. 그러나 이 일심은 언제나 이원적(二元的)으로 설명되는데, 심생멸과 심진여도 그러한 표현이다. 이원적으로 설명하는 까닭은 곧 우리가 경험하는 것을 이원적으로 설명하기가 쉽기 때문인데, 진리를 깨닫기 이전에 우리가 경험하는 세계와 진리를 깨닫고 나서 우리가 경험하는 세계가 겉으로는 동일한 경험 세계이지만 내면적으로는 깨닫기 이전과 이후가 다르기 때문이다. 보통 철학에서 겉으로 드러난 현상과 그 현상의 숨겨진 본질을 말하는 경우와 비슷하다. 마음은 본래 하나이지만, 우리가 경험하는 의식의 세계는 끊임없이 생멸하며 변화하는 세계이다. 이렇게 생멸변화하는 의식의 세계를 심생멸(心生滅) 혹은 생멸문(生滅門) 혹은 생사심(生死心)이라고 부른다. 그러나 이렇게 생멸변화하는 의식 세계의 진실한 모습은 생멸변화가 없는 한결같은 세계이다. 이렇게 한결같은 세계를 심진여(心眞如) 혹은 진여문(眞如門)이라고 한다. 생멸문은 분별의 이원적(二元的) 세계이고, 진여문은 분별을 떠난 불이법(不二法)이다. 그러므로 생멸문과 진여문을 나누어 설명하는 이것이

바로 분별하고 있는 생멸문이고, 깨달아 진여문에 들어가면 생멸문과 진여문이 따로 있지 않고 다만 하나의 진실한 법계(法界)일 뿐이다.

2 모든 대상(諸法) 제법(諸法)이라고 할 때에 법은 하나하나 분별되는 대상을 가리킨다.

25. 보살菩薩

성문(聲聞)은 듣고서 불성(佛性)¹⁾을 보며, 보살은 눈으로 불성을 본다.

聲聞聞見佛性 菩薩眼見佛性

| 도움말 |

말을 듣는데 뜻으로 듣지 않으면, 무엇이 있는가?
말을 듣는데 목소리로 듣지 않으면, 무엇이 있는가?
눈으로 보는데 모양으로 보지 않으면, 무엇이 있는가?
눈으로 보는데 색깔로 보지 않으면, 무엇이 있는가?

1 불성(佛性) 불(佛)은 깨달음, 성(性)은 본성(本性). 깨달음이란 본성이 분별망상에 덮여 있다가 문득 밝게 드러나는 것이므로 이것을 불성(佛性)이라 한다. 불성을 본다는 말인 '견불성(見佛性)'은 줄여서 '견성(見性)'이라고 하는데, 여기서 견(見)은 눈으로 보거나 분별로 파악하는 것이 아니라 '직접 만난다〔親見〕'는 뜻이다. 즉 망상이 사라지고 자기의 본성과 직접 만나는 것이 바로 깨달음이다.

26. 평등한 본성

둘이 없음을 밝게 통달한 것을 일컬어 평등한 본성(本性)이라고 한다.
본성에는 다름이 없으나, 작용은 같지가 않다.
미혹에 있으면 식(識)[1]이고, 깨달음에 있으면 지혜이다.
이치를 따르면 깨달음이고, 사실을 따르면 미혹이다.
미혹은 곧 스스로의 본심(本心)에 미혹한 것이고, 깨달음은 곧 스스로의 본성(本性)을 깨달은 것이다.[2]

了達無二 名平等性 性無有異 用則不同 在迷爲識 在悟爲智 順理爲悟 順事爲迷 迷卽迷自家本心 悟卽悟自家本性

| 도움말 |

일하지 않고도 일하면, 둘이 없음에 밝게 통달한다.
생각하지 않고도 생각하면, 둘이 없음에 밝게 통달한다.
머물지 않는데도 한결같이 머문다면,
둘이 없음에 밝게 통달한다.
의지하는 것이 없는데도 두려움이 없으면,
둘이 없음에 밝게 통달한다.
붙잡을 것이 없는 곳에서 편안히 쉴 수 있다면,
둘이 없음에 밝게 통달한다.
일 없는 곳이 가장 안락하다면, 둘이 없음에 밝게 통달한다.

---

1 **식(識)**   여기서 식(識)은 우리가 일상적으로 경험하는 경험 세계인 육식(六識)을 가리킨다. 우리는 식 속에서 경험하는 모습을 따라 분별하고 이름을 붙인다. 마치 물결만을 보고서 이 물결, 저 물결을 분별하는 것과 같다. 그러므로 식의 세계는 곧 분별망상의 세계이다.

2 **본심(本心)과 본성(本性)**   물과 물결을 나누는 것은 아직 물결을 따르는 것이며, 물에 있지 못한 것이다. 물에 있으면 물 밖에 따로 물결이 없다. 설명을 위하여 편의상 마음을 상(相)과 성(性), 사(事)와 이(理), 오온(五蘊)과 공(空), 제상(諸相)과 비상(非相), 생멸(生滅)과 진

여(眞如), 물결과 물 등 이원적(二元的)으로 나누어 말하지만, 진실은 언제나 하나인 일심(一心)일 뿐이다. 그러므로 본심이라 하든, 본성이라 하든, 사(事)라 하든, 이(理)라 하든, 생멸이라 하든, 진여라 하든 아무 문제가 없는 것이다. 물결에 속아서 물을 알지 못한다고 하지만, 본래 물결이 따로 없고 물일 뿐이라면, 속아도 물에 속고 깨달아도 물을 깨닫는다.

27. 한 번 깨달으면

한 번 깨달으면 영원히 깨달아서, 다시는 미혹하지 않는다.
마치 태양이 떠올랐을 때 어둠과 화합하지 않는 것처럼, 지혜의 태양이 떠오르면 번뇌의 어둠과 함께 하지 않는다.

一悟永悟 不復更迷 如日出時不合於暗 智慧日出 不與煩惱暗俱

| 도움말 |

바다에서 하나의 물결을 보고서 물을 알아차리면,
어떤 물결을 보더라도 모두 물을 알아차린다.
자전거를 한 번 넘어지지 않고 탈 줄 알게 되면,
영원히 넘어지지 않고 탈 줄 알게 된다.

공기로 숨을 쉰다는 사실을 한 번 알아차리면,
영원히 잊지 않는다.
지금 켜져 있는 이 불은 영원히 꺼지지 않는 불이다.

28. 무생법인無生法忍

마음과 경계에 밝으면, 망상(妄想)¹⁾은 생기지 않는다. 망상이 생기지 않으면, 곧 무생법인(無生法忍)²⁾이다.

了心及境界 妄想卽不生 妄想旣不生 卽是無生法忍

| 도움말 |
이 빛에는 그림자가 없다.
눈앞이 밝아도 이 빛이 있고, 눈앞이 어두워도 이 빛이 있다.
소리가 들려도 이 빛이 있고, 고요해도 이 빛이 있다.
손에 무언가를 잡고 있어도 이 빛이 있고,
빈손일 때에도 이 빛이 그대로 있다.
이 빛 속에서 걸어 다니고, 이 빛 속에서 밥 먹고,

이 빛 속에서 말하고, 이 빛 속에서 보고 들으며,
이 빛 속에서 생각한다.
그대가 이 빛을 생각하지 않으면, 이 빛은 바로 지금 그대이다.

---

1 **망상(妄想)** 실상을 깨닫기 전에는 우리의 모든 정신세계는 다 망상(妄想)이다. 그러므로 실상을 깨닫기 전에는 망상이 참으로 어떤 것인지를 알 수가 없다. 실상이 이런 것이고 망상이 저런 것이라고 설명하고 이해하는 이것이 바로 분별망상 속에서 이루어지는 행위이다. 따라서 깨달음을 이루는 것만이 유일한 해결책이다.

2 **무생법인(無生法忍)** 불생법인(不生法忍), 불기법인(不起法忍)이라고도 함. 인(忍)은 인(認)과 같이 인정하고 수용한다는 뜻이니, 법인(法忍)은 법을 인정하고 수용하여 의심하지 않는 것이다. 『유마경(維摩經)』중권(中卷) 「입불이법문품(入不二法門品)」 제9에 "생멸(生滅)은 이법(二法)이지만, 법(法)은 본래 생하지 않는 것이어서 지금 멸하지도 않습니다. 이러한 무생법인(無生法忍)을 얻는 것이 바로 불이법문(不二法門)에 들어가는 것입니다."(生滅爲二, 法本不生今則無滅. 得此無生法忍, 是爲入不二法門.)라 하고 있다. 무생법인(無生法忍)은 불생불멸(不生不滅)하는 법(法), 즉 생겨나거나 소멸함이 없는 법을 인정하고 의심 없이 수용한다는 뜻이다.

29. 여래청정선 如來淸淨禪

본래 있는 것이 지금 있으니,

수도(修道)¹⁾나 좌선(坐禪)²⁾에 의지하지 않는다.

수도도 하지 않고 좌선도 하지 않으면,

이것이 바로 여래청정선(如來淸淨禪)³⁾이다.

本有今有 不假修道坐禪 不修不坐 卽是如來淸淨禪

| 도움말 |

그대가 손댈 수 없는 것이 바로 이것이다.

그대가 기대할 수 없는 것이 바로 이것이다.

그대가 의심할 수 없는 것이 바로 이것이다.

그대가 피할 수 없는 것이 바로 이것이다.

그대가 바꿀 수 없는 것이 바로 이것이다.
그대가 버릴 수 없는 것이 바로 이것이다.
그대가 취할 수 없는 것이 바로 이것이다.
지금 당장 또렷하면 할 일이 없지만,
그렇지 않으면 영원히 의심해야 할 것이다.

---

1 **수도(修道)** 도를 닦는 행위. 의도적이고 인위적인 행위. 도란 이런 것이라고 분별하고, 다시 도를 깨닫기 위해서는 이러한 수행을 실천해야 한다고 분별하고서, 이러한 분별에 의지하여 도를 깨닫기 위한 어떤 정해진 행위를 실천해 나아가는 것이 바로 수행이다. 이러한 수행은 분별에 근거한 의도적인 조작(造作)의 행위이므로 유위(有爲)라고 한다. 유위의 수행은 분별망상을 벗어나기 위하여 분별망상에 의지하는 것이므로, 끝내 분별망상에서 벗어날 수가 없다. 열심히 조작하는 행위를 실천한다면 마침내 어떤 정신적 상태를 조작해 내겠지만, 이것을 삼매(三昧)라고 부르든 깨달음이라고 부르든 결국 조작에 의한 허망한 경계일 뿐이다. 우리가 본래 마음을 깨달으면 본래 마음에는 아무런 조작이 없어도 분별망상이 없다. 조작이 없고 분별망상이 없는 것은 저절로 이루어진다. 즉, 깨달음은 애를 써서 억지로 만들어내는 것이 아니라, 저절로 찾아오는 것이다. 오랫동안 깨달음에 목말라 한 사람이 올바른 가르침을 받으면 어느 순간 저절로 깨달음이 이루어진다. 깨달음은 무위법

(無爲法)이다. 앞서 마조가 회양의 가르침으로 깨닫는 인연이 바로 이러한 사례이며, 『마조어록』 뒷부분 〈만남의 인연〉에서 소개되는, 마조의 가르침으로 여러 사람들이 깨닫는 이야기들 역시 이러한 사례들을 보여 주고 있다. 깨달음은 수행이라는 의도적 행위에 의하여 차차 만들어져 가는 것이 아니라, 가르침의 말이나 행위 아래서 우연히 문득 일어나는 예기치 못하는 체험이다.

2 **좌선**(坐禪) 앉아서 선정(禪定)에 드는 수행을 하는 것. 좌선은 불교 이전에 나타난 전통적인 수행법으로서 보통 도를 닦는 수행이라면 주로 좌선이라고 여겼다. 그러나 좌선은 정해진 행위를 하여야 한다는 점에서 하느냐 하지 않느냐 하는 이분법(二分法)의 유위행(有爲行)이다. 그러므로 불이법문(不二法門)에서는 전통적으로 가부좌를 하고 앉는 행위와는 상관없이 분별망상을 벗어나 본성에 밝게 깨어 있는 것이 바로 좌선(『육조단경(六祖壇經)』)이라고 새로운 정의를 내리고 있는 것이다. 『유마경』 「제자품」에서 유마힐이 나무 아래에서 연좌(宴坐; 편안히 앉는 것, 좌선)하고 있는 사리불(舍利弗)을 꾸짖으면서, 연좌란 가만히 앉아 있는 것이 아니라, 삼계 속에서 망념을 일으키지 않는 것이고, 멸진정(滅盡定) 속에 있으면서도 모든 행위를 하는 것이고, 도법(道法)을 버리지 않으면서도 중생의 일을 하는 것이고, 마음이 안에도 머물지 않고 밖에도 머물지 않는 것이고, 번뇌를 끊지 않으면서도 열반에 들어가는 것이라고 하여, 모든 분별이 사라진 불이법(不二法)이 바로 연좌라 하고 있다. 이것이 바로 대승불교의 참된 좌선인 것이다.

3 여래청정선(如來淸淨禪) 『육조단경(六祖壇經)』에서는 "오는 곳도 없고 가는 곳도 없고 생(生)도 멸(滅)도 없는 것이 여래청정선(如來淸淨禪)이다."라 하고 있고, 백장회해(百丈懷海)는 "지금 이 땅에 선(禪)이 있다고 한다면 어떤 것입니까?"라는 물음에 대하여 "움직이지도 않고 좌선하지도 않는 것이 여래선(如來禪)이니, 선(禪)이라는 생각도 떠났다."(『천성광등록(天聖廣燈錄)』 제9권)라고 답하고 있고, 『능가아발다라보경(楞伽阿跋多羅寶經)』에서는 소승과 대승의 여러 선법(禪法) 가운데 여래청정선이 최상이라고 하고, 종밀은 『선원제전집도서(禪源諸詮集都序)』에서 외도선(外道禪)·범부선(凡夫禪)·소승선(小乘禪)·대승선(大乘禪)으로 여러 선법을 분류한 뒤, 여래청정선을 최상승선(最上乘禪)이라 하고 있다. 이처럼 가장 뛰어난 선법(禪法)을 여래청정선이라 하는데, 뒷날 조사선(祖師禪)이란 이름으로 지칭하는 선이 바로 여래청정선이다.

30. 업業을 짓지 않는다

 지금 만약 이 이치가 진실하고 바름을 알았다면, 어떤 업(業)[1]도 짓지 않고, 분수에 따라 살면서, 한 벌의 옷을 입고, 앉고 일어서고 하는 행동을 따라서 계행(戒行)[2]에 더욱 익숙해져서 깨끗한 업[3]을 쌓을 것이다.
 단지 이렇게만 될 수 있다면, 무엇 때문에 통하지 못할까[4] 염려하겠느냐?
 오랫동안 서 있었으니, 대중은 이제 쉬어라."[5]

 如今若見此理眞正 不造諸業 隨分過生 一衣一衲 坐起相隨 戒行增薰 積於淨業 但能如是 何慮不通 久立諸人珍重

| 도움말 |

이 진실하고 바른 이치를 바르게 아는 것은, 생각으로 아는 것이 아니고, 이해로 아는 것이 아니고, 보고 듣고 느껴서 아는 것이 아니다.

본래부터 이 자리에 있었고 언제나 이 자리에 있음을 지금 당장 확인하고 의심 없이 인정해야만 바르게 아는 것이다.

손을 들어올려 보라.

---

1 업(業)　분별하여 좋다고 여기거나 나쁘다고 여기거나, 옳다고 여기거나 그르다고 여기거나, 취하고 버리는 등의 행위를 하는 경우, 우리의 마음은 그 분별에 구속되어서 그 분별을 벗어나지 못하고 그 분별을 따라가지 않을 수가 없는데, 이처럼 자신이 행한 행위에 구속되어 그 행위의 영향을 계속 받는 것을 업(業)이라고 한다.

2 계행(戒行)　진리에서 어긋나지 않는 행위. 분별을 따르면 진리에서 어긋난 행위를 하게 되는데, 이것이 바로 업을 짓는 것이다.

3 깨끗한 업　깨끗한 업이란 곧 분별에 의거하여 행동하지 않고, 언제나 깨달음 속에서 행동하는 것이다.

4 통하지 못할까　마음에 분별이라는 장애물이 가로막히면 마음은 분별을 따라 머물게 되어서 자유롭게 통하지 못한다. 마음에 분별망상의 장애가 없는 것, 이것이 바로 해탈이고 깨달음이고 도이고 선이고 열반이고 반야이고 진리이다.

5 시중 15~30까지의 내용은 『경덕전등록』 제28권, 『천성광등록』 제8권에도 실려 있다.

제3부

만남의 인연
因　緣

1. 달구경

서당지장[1]과 백장회해[2]와 남전보원[3]이 마조를 모시고 함께 달구경을 하는데, 마조가 말했다.

"바로 이러한 때에는 어떠냐?"

서당이 말했다.

"공양(供養)[4]하기에 딱 좋습니다."

백장이 말했다.

"수행(修行)하기에 딱 좋습니다."

남전은 소매를 떨치고 바로 가 버렸다. 이에 마조가 말했다.

"경(經)은 장(藏)에 들어가고,[5] 선(禪)은 해(海)로 돌아가는데,[6] 오직 보원만이 홀로 사물 밖으로 벗어났구나."

西堂百丈南泉 侍祖翫月次 祖曰 正恁麽時如何 西堂云 正好

供養 百丈云 正好脩行 南泉拂袖便去 祖云 經入藏 禪歸海 唯有
普願 獨超物外【西堂藏百丈海南泉願】

| 도움말 |

경전을 탐구하면 문자 경계에 들어가고,

참선에 들면 마음 경계에 들어간다.

들어가지도 않고 나오지도 않는 것,

이것이 바로 선(禪)이다.

---

1 서당지장(西堂智藏; 735-814)　당대(唐代) 선승. 서당(西堂)은 머물렀던 곳의 지명. 속성은 요(廖)씨. 마조도일의 문하에서 공부하여 마조의 법을 이었다. 건주(虔州)의 서당(西堂)에 머물면서 마조의 종풍(宗風)을 널리 선양하였다. 시호는 대각선사(大覺禪師). 신라말에 명적도의(明寂道義)와 체공혜철(體空惠哲)이 그의 문하에서 공부하여 그의 법을 받아 왔다.

2 백장회해(百丈懷海; 749-814)　당대(唐代) 선승. 백장(百丈)은 머물렀던 산 이름. 속성은 왕(王)씨. 복건성(福建省) 복주(福州) 장락(長樂) 출신. 20세에 서산혜조(西山慧照)에게 출가하여, 남악의 법조(法朝) 율사(律師)에게 구족계를 받았다. 사천성 여강(廬江)에서 대장경(大藏經)을 열람하고, 마조도일을 찾아가 그 문하에서 공부하여 마조의 법을 이었다. 백장에게 귀의한 사방의 신도와 승려들이 강서성

(江西省) 홍주(洪州) 신오현(新吳縣)에 있는 대웅산(大雄山)에 대지성수선사(大智聖壽禪寺)를 세워서 백장을 모시니 백장이 개조(開祖)가 되어 조사선의 선풍(禪風)을 크게 떨쳤다. 청규(淸規)를 만들어 선원에서의 대중의 생활을 규정함으로써 선종 사찰의 체계를 잡았다. 위산영우(潙山靈祐)와 황벽희운(黃檗希運) 등 걸출한 제자를 배출하여 백장의 문하에서 위앙종(潙仰宗)과 임제종(臨濟宗)이 나오게 된다. 시호는 대지(大智)·각조(覺照)·홍종묘행(弘宗妙行) 등을 하사받았다. 『백장회해선사어록(百丈懷海禪師語錄)』 1권과 『백장광록(百丈廣錄)』 등이 전한다.

3 **남전보원(南泉普願; 748-834)** 당대(唐代) 선승. 남전(南泉)은 머물렀던 산 이름. 속성은 왕(王)씨. 하남성(河南省) 신정(新鄭) 출신. 처음에 하남성 밀현(密縣)의 대외산(大隗山)으로 출가하여 삼장(三藏)의 교학을 공부하고, 하남성 숭악(嵩嶽) 회선사(會善寺)의 호(暠) 율사에게서 구족계를 받았다. 법상(法相; 유식 철학)과 삼론(三論; 중관 철학)을 배웠으나 경론(經論)의 공부에 만족하지 못하고 마조도일을 찾아가 그 문하에서 공부하여 깨달음을 얻고 마조의 법을 이었다. 795년 안휘성(安徽省) 지양(池陽)에 있는 남전산(南泉山)에 들어가 머물렀다. 선원(禪院)을 열고 스스로 농사를 지으며 선풍을 펼쳤다. 스스로 자기를 왕노사(王老師)라고 부르면서 30년 동안 산에서 나오지 않았다. 태화(太和; 827-835) 초에 지양(池陽)의 전(前) 태수(太守)인 육긍대부(陸亘大夫)가 남전을 찾아와 스승으로 모셨다. 문하에서 조주종심(趙州從諗)·장사경잠(長沙景岑)·자호이종(子湖利

蹤) 등 뛰어난 제자를 많이 배출하였다.

4 공양(供養) 공시(供施), 공급(供給)이라고도 한다. 음식물이나 의복 등 수도 생활에 필요한 물품을 수도승(修道僧)에게 공급하는 일. 또는, 일반적으로는 절에서 식사하는 일을 일컫는다.

5 경(經)이 장(藏)에 들어간다는 말은, 경전은 대장경 속에 들어간다는 말인데, 여기에서 장(藏)은 서당지장(西堂智藏)을 가리키니 일종의 중의법(重義法)을 사용하여 재미있게 말하고 있다.

6 선(禪)이 해(海)로 돌아간다는 말은, 모든 강물이 바다로 돌아가 하나가 되듯이 선(禪)도 모든 것이 돌아가 하나가 되는 귀결점이라는 뜻인데, 여기에서 해(海)는 백장회해(百丈懷海)를 가리키니 역시 일종의 중의법(重義法)이다.

2. 통 속의 일

남전보원이 대중(大衆)[1]에게 식사로서 죽을 나누어 주고 있는데, 마조가 물었다.
"통 속은 무엇이냐?"
남전이 말했다.
"이 노인네가 입을 다물고서[2] 어떻게 말하나?"
마조는 곧 그만두었다.[3]

南泉爲衆僧行粥次 祖問 桶裡是甚麼 泉日 這老漢合取口 作麼語話 祖便休

| 도움말 |
모름지기 공부인이라면,

줄 없는 거문고의 소리를 들을 수 있어야 하고,

한 손으로 손뼉을 칠 줄 알아야 하며,

입을 열지도 않고 하는 말을 들을 줄 알아야 한다.

---

1 대중(大衆) 선원에 머물러 수행하는 선승들.

3 합취구(合取口) 입을 다물다.

2 『경덕전등록』 제8권 '지주남전보원선사' 편에는 다음과 같이 실려 있다 :

하루는 대중에게 죽을 나누어 주고 있는데, 마조가 물었다.

"통 속은 무엇이냐?"

남전이 말했다.

"이 노인네가 입을 꼭 다물고서 이렇게 말하네!"

그로부터 같이 배우는 무리가 남전에게 감히 따져 묻지 않았다.

3. 부처의 뜻

백장이 물었다.
"무엇이 부처의 참뜻입니까?"
마조가 말했다.
"바로 그대가 목숨을 내려놓을[1] 곳이다."

百丈問 如何是佛旨趣 祖云 正是汝放身命處.

| 도움말 |

뜻이 있으면 시비에 떨어지고,
뜻이 없으면 암흑에 떨어진다.
부처의 참뜻을 알고자 하는가?
허공에서 날갯짓하는 새를 보아라.

1 **방신명**(放身命)　자기 목숨에 대한 집착을 놓고 삶과 죽음에 자재하게 되다. 속박에서 벗어나 자유로운 몸이 되다.

4. 불법 구하기

월주(越州)의 대주혜해[1]가 처음 마조를 참례하였을 때, 마조가 물었다.

"어디에서 오는가?"

"월주의 대운사(大雲寺)에서 옵니다."

"여기 와서 무엇을 하려 하는가?"

"불법(佛法)[2]을 구하러 왔습니다."

"자기의 보물 창고는 돌아보지 않고 집을 버리고 이리저리 다녀서 무엇 하려는가? 나의 이곳에는 한 물건도 없는데, 무슨 불법을 구한다는 것인가?"

대주가 이에 절하고 물었다.

"무엇이 저 자신의 보물 창고입니까?"

"바로 지금 나에게 묻는 그것이 그대의 보물 창고이니라. 그것에는 모든 것이 갖추어져 있고 조금의 부족도 없으며 사용이 자재(自在)한데, 무엇을 밖에서 구하고 찾는가?"

　대주가 말을 듣고서 본래의 마음을 저절로 알고는, 자기도 모르게 뛸 듯이 기뻐하며 절을 하여 감사를 표했다. 그 후 6년을 곁에서 모시다가 돌아갔는데, 『돈오입도요문론(頓悟入道要門論)』 1권을 지었다. 마조가 그 책을 보고는 대중에게 말했다.

　"월주에 큰 구슬이 있는데 두루 밝은 광명이 자재하게 비추어서 막힌 곳이 없다."

　　大珠初參祖 祖問曰 從何處來 曰越州大雲寺來 祖曰 來此擬須何事 曰來求佛法 祖曰 自家寶藏不顧 拋家散走作什麽 我這裡 一物也無 求甚麽佛法 珠遂禮拜 問曰阿那箇 是慧海自家寶藏 祖曰 卽今問我者 是汝寶藏 一切具足 更無欠少 使用自在 何假向外求覓 珠於言下 自識本心 不由知覺 踊躍禮謝 師事六載後歸 自撰頓悟入道要門論一卷 祖見之 告衆云 越州有大珠 圓明光透自在 無遮障處也

| 도움말 |

빈손으로 태어나서,
온갖 진귀한 것들을 쥐었다 놓았다,
한평생 그렇게 보내고서,

빈손으로 가는구나.
들어왔다 나가는 것은 귀한 것이 아니니,
변함없는 빈손이 진실로 귀한 것이로다.
그대는 빈손으로 무엇을 찾아 그리 바쁜가?

---

1 **대주혜해**(大珠慧海; 생몰 연대 미상) 당대(唐代) 선승. 속성은 주(朱)씨. 산서성(山西省) 건주(建州) 출신. 절강성(浙江省) 월주(越州) 대운사(大雲寺)의 도지(道智)에게 출가하였으나, 마조도일을 찾아와 공부하여 깨닫고는 마조의 법을 이었다. 저술로『돈오입도요문론(頓悟入道要門論)』1권을 포함한『대주선사어록(大珠禪師語錄)』2권이 있다.
2 **불법**(佛法) 불교의 진리, 깨달음의 진리, 부처의 진리.

5. 조사가 서쪽에서 온 뜻

늑담법회(泐潭法會)[1] 선사(禪師)가 마조에게 물었다.

"조사(祖師)가 서쪽에서 오신 뜻이 무엇입니까?"[2]

마조가 말했다.

"목소리를 낮추고 가까이 오라!"

법회가 곧 가까이 다가가자, 마조는 그를 한 대 쥐어박고는 말했다.

"엿듣는 사람이 있어서 안 되겠다.[3] 내일 오너라!"

다음 날 법회가 와서 법당(法堂)[4]에 들어가 말했다.

"스님, 말씀해 주십시오."

마조가 말했다.

"우선 갔다가, 내가 상당(上堂)[5]할 때에 나오너라. 그대에게 증명(證明)해 주겠다."

법회가 이에 깨닫고는 말했다.

"대중이 증명해 주심에 감사드립니다."
그리고 법회는 법당을 한 바퀴 돌고는 곧 가 버렸다.

泐潭法會禪師 問祖云 如何是西來祖師意 祖曰 低聲近前來 會便近前 祖打一摑云 六耳不同謀 來日來 會至來日 猶入法堂 云 請和尙道 祖云 且去 待老漢上堂時出來 與汝證明 會乃悟 云 謝大衆證明 乃繞法堂一幣 便去

| 도움말 |

스스로 걸어오면서도 꿈속에 있고,

한 대 쥐어 박히고도 꿈속에 있고,

되돌아 걸어 나가면서도 꿈속에 있더니,

다시 와서 한 마디 듣고서야 비로소,

꿈 밖에서 따로 깨어남을 찾지 않게 되었구나.

---

1 **늑담법회**(泐潭法會; 생몰 연대 미상) 당대(唐代) 선승. 자세한 전기는 알 수 없다. 늑담(泐潭)은 강서성(江西省) 정안현(靖安縣)의 석문산(石門山) 아래에 있는 연못이다. 가까이에 마조가 입적한 절인 늑담사(泐潭寺; 보봉사(寶峰寺)라고도 함)가 있다.

2 "조사(祖師)가 서쪽에서 오신 뜻이 무엇입니까?"(如何是西來祖師意) 당송대(唐宋代) 선종(禪宗)에서의 상투적인 질문으로서, 여기서 조사는 달마를 가리키므로, 이 질문은 "달마가 서쪽 인도로부터 동쪽 중국으로 온 이유가 무엇이냐?"는 것이다. 달마는 중국에 불교의 진리인 일심법(一心法)을 전하려고 왔는데, 그 전하는 방법이 직지인심(直指人心)·견성성불(見性成佛)의 직지선법(直指禪法)인 조사선(祖師禪)이었다. 결국 이 질문은, "달마가 서쪽에서 와 전한 법(法)이 무엇이냐?"고 묻는 것이다.

3 육이부동모(六耳不同謀) 육이불통모(六耳不通謀)라고도 하는데, 중요한 일을 말할 때에 당사자들(=사이(四耳))끼리만 비밀리에 말하고 제삼자(=육이(六耳))에게는 말해 주지 않는다는 뜻이다. 엿듣는 사람이 있어서 함께 의논할 수 없다.

4 법당(法堂) 법(法)을 드러내어 전해 주는 집이라는 뜻으로, 불상(佛像)을 모신 불전(佛殿)과는 대비되는 말이다. 조실(祖室)이나 방장(方丈) 등 사찰의 지도자가 대중을 위하여 법(法)을 설하는 장소이다. 본래 중국의 선종 사찰에서는 뒤쪽에 불전을 앞쪽에 법당을 배치하여, 불전에서는 불상 앞에서 행하는 사찰의 여러 가지 법식(法式)을 행하고, 법당에서는 주로 설법(說法)을 하여 이심전심(以心傳心)의 장소로 삼았다.

5 상당(上堂) 조실이나 방장이 법당(法堂)에 올라가서 대중들에 법을 설하는 것.

6. 좌선

늑담유건[1] 선사가 하루는 법당 뒤에서 좌선(坐禪)을 하고 있었다. 마조가 그것을 보고는 곧 유건의 귀에 '후! 후!' 하고 바람을 두 번 불어넣었다. 유건은 선정(禪定)에서 깨어나 그가 마조임을 알아보고는 다시 선정에 들었다. 마조는 방장(方丈)[2]으로 돌아와 시자(侍者)를 시켜 차 한 잔을 유건에게 가져다주게 하였다. 유건은 차를 돌아보지도 않고 곧바로 승당(僧堂)[3]으로 돌아가 버렸다.

泐潭惟建禪師 一日在法堂後坐禪 祖見之 乃吹建耳兩吹 建起定見是祖 卻復入定 祖歸方丈 令侍者 持一碗茶與建 建不顧 便自歸堂

| 도움말 |

법당 뒤 양지녘에서 잠들어 있는데,
귀를 잡아당겨도 여전히 꿈속이로다.
뜨거운 차 한 잔으로 깨워 보려 했지만,
저 친구는 꿈 깨기가 그리도 싫은가 보다.

---

1 **늑담유건(泐潭惟建; 생몰 연대 미상)** 당대(唐代) 선승. 자세한 생애는 알 수 없다.

2 **방장(方丈)** 선종(禪宗)의 사찰에서 최고의 어른을 일컫는 명칭. 보통 총림(叢林)에서는 방장(方丈)이라 하고, 선원(禪院)에서는 조실(祖室)이라고 함. 본래 방장은 『유마경』에서 유마힐의 방의 크기가 사방 1장(丈)이었다는 데서 유래하여 방장이 거주하는 방을 가리키기도 한다.

3 **승당(僧堂)** 선원(禪院)의 대중이 모여서 좌선(坐禪)하는 집. 선당(禪堂), 좌선당(坐禪堂), 운당(雲堂) 등으로도 부른다.

7. 자신을 쏘아라

　석공혜장[1] 선사는 본디 사냥을 직업으로 삼고 있던 사람으로서 출가사문(出家沙門)에 대해서는 좋지 않게 여기고 있었다. 어느 날 사슴의 무리를 뒤쫓다가 마조가 있는 암자 앞을 지나가게 되었다. 마조가 그를 맞아들이니 혜장이 물었다.
　"스님은 사슴이 지나가는 것을 보지 못했습니까?"
　마조가 말했다.
　"당신은 어떤 사람입니까?"
　"사냥꾼입니다."
　"활을 쏠 줄 압니까?"
　"잘 쏩니다."
　"화살 하나로 몇 마리나 쏩니까?"
　"하나의 화살로 한 마리를 쏘아 잡습니다."
　"당신은 활을 잘 쏠 줄 모르는군!"

"스님은 활을 쏠 줄 아십니까?"

"쏠 줄 압니다."

"스님은 하나의 화살로 몇 마리나 쏩니까?"

"하나의 화살로 한 떼를 모두 쏘아 잡습니다."

"저들이나 우리나 모두 생명이 있는 것들인데, 어찌하여 저들을 한 떼나 모두 쏘아 잡습니까?"

"그대가 이미 이와 같이 알고 있다면, 어찌하여 스스로를 쏘아 잡지는 않는가?"

"만약 저에게 스스로를 쏘라고 하시면, 손댈2) 곳이 없을 것입니다."

"이 사람아, 끝없이 가져온 무명번뇌(無明煩惱)3)를 오늘 당장 쉬도록 하게!"

혜장은 그때 활과 화살을 버리고, 칼을 들어 스스로 머리카락을 자르고는 마조에 의지하여 출가하였다.

石鞏慧藏禪師 本以弋獵爲務 惡見沙門 因逐群鹿 從祖菴前過 祖乃迎之 藏問 和尙見鹿過否 祖曰 汝是何人 曰獵者 祖曰 汝解射否 曰解射 祖曰 汝一箭射幾箇 曰一箭射一箇 祖曰 汝不解射 曰和尙解射否 祖曰 解射 曰和尙一箭射幾箇 曰一箭射一群 曰彼此是命 何用射他一群 祖曰 汝旣知如是 何不自射 曰若敎某

甲自射 卽無下手處 祖曰 這漢 曠劫無明煩惱 今日頓息 藏當時
毀棄弓箭 自以刀截髮 投祖出家

| 도움말 |

죄 없는 사슴 활로 쏘아 업 짓지 말고,
자신을 쏘아 영겁의 꿈에서 깨어나 보라.
어떻게 자신을 쏘아야 할지 모르는가?
활시위를 한 번 힘차게 당겨 보게나.

---

1 **석공혜장(石鞏慧藏; 생몰 연대 미상)** 당대(唐代) 선승. 석공(石鞏)은 머물렀던 산 이름. 원래 사냥꾼이었는데, 사슴을 쫓다가 마조도일을 만나서 설법을 듣고는 출가하여 마조 문하에서 공부하여 마조의 법을 이었다. 강서성(江西省) 무주(撫州) 석공산(石鞏山)에 머물면서 선법(禪法)을 펼쳤다.

2 **하수(下手)** 착수하다. 손을 대다. 시작하다.

3 **무명번뇌(無明煩惱)** 무명(無明)은 깨달음의 밝은 지혜가 없는 어리석은 중생의 마음을 가리키고, 번뇌(煩惱)는 괴로움이란 뜻으로서 밝은 지혜가 없는 어리석은 중생은 허망한 분별망상을 진실이라고 여기기 때문에 모든 삶이 번뇌이다. 즉, 번뇌란 진실을 깨닫지 못하고 허망한 망상을 따라 옳음과 그름을 따지며 좋아하고 싫어하며 살아가는 것. 진실을 깨닫지 못한 무명(無明)의 삶은 모두 번뇌이다.

8. 소 키우기

어느 날 석공이 부엌에서 일하고 있는데 마조가 물었다.
"무엇을 하고 있느냐?"
"소를 키우고 있습니다."
"어떻게 키우느냐?"
"한 번 풀밭으로 들어가면, 곧장 코를 붙잡고 끌어냅니다."
"그대는 참로로 소를 잘 키우는구나!"

一日在廚作務次 祖問日 作什麼 日牧牛 祖日 作麼生牧 日一迴入草去 便把鼻孔拽來 祖日 子眞牧牛

| 도움말

한 번 코뚜레를 하여 고삐를 매어 놓으면,

버릇처럼 풀밭으로 가다가도 곧 되돌아온다.
어디에서 코를 잡아 코뚜레를 할까?
당장 주먹을 꽉 쥐어 보라.

9. 조사가 서쪽에서 온 뜻

한 승려가 마조에게 물었다.

"스님! 사구(四句)1)를 떠나고 백비(百非)2)를 끊고서 저에게 서쪽에서 온 뜻을 바로 가리켜 주십시오."

마조가 말했다.

"내가 오늘은 그럴 기분이 아니니, 그대는 지장(智藏)3)에게 가서 물어보라."

그 승려가 이에 지장에게 가서 물으니, 지장이 말했다.

"그대는 어찌하여 마조 스님에게 묻지 않는가?"

"스님께서 저에게 상좌(上座)4)께 물어보라고 시켰습니다."

지장은 손으로 머리를 만지면서 말했다.

"오늘 나는 머리가 아프니, 그대는 회해(懷海)5) 사형(師兄)6)에게 가서 물어보라."

그 승려가 다시 회해에게 가서 물으니, 회해가 말했다.

"나는 여기에서 도리어 알지 못하겠다."

그 승려가 마조에게 이러한 일들을 이야기하자 마조가 말했다.

"지장의 머리는 희고, 회해의 머리는 검구나."⁷⁾

僧問祖云 請和尙離四句絶百非 直指某甲西來意 祖云 我今日無心情 汝去問取智藏 其僧乃問藏 藏云 汝何不問取和尙 僧云 和尙令某甲問上座 藏以手摩頭云 今日頭痛 汝去問海師兄 其僧又去問海 海云 我這裡卻不會 僧乃擧似祖 祖云 藏頭白 海頭黑

| 도움말 |

눈이 어두운 사람은
눈앞에 보여 주며 가져가도 도둑질당했다고 한다.
잠 속에서 꿈꾸고 있는 사람은
이불에 오줌을 누고서도 꿈속의 일인 줄 안다.

---

1 **사구(四句)** 분별이 나타나는 4가지 형태. ①A이다, ②A가 아니다, ③A이기도 하고 A가 아니기도 하다, ④A도 아니고 A 아닌 것도 아니다. 분별은 기본적으로 이 4가지 형태를 따라 이루어진다. 그러므로 사구(四句)란 곧 분별을 가리킨다.

2 **백비**(百非)　사구(四句)에 과거 · 현재 · 미래의 시간 등을 적용하여 더욱 세분하게 분별한 것. 온갖 종류의 분별을 가리키는 말이다.

3 **지장**(智藏)　서당지장(西堂智藏).

4 **상좌**(上座)　수좌(首座). 선승(禪僧)에 대한 존칭.

5 **회해**(懷海)　백장회해(百丈懷海).

6 **사형**(師兄)　출가승은 출가일의 순서에 따라 형과 아우의 관계가 정해진다. 같은 스승의 아래에 먼저 출가한 승려를 부르는 말. 법형(法兄)이라고도 한다.

7 『조당집』 제14권 '마조'에 같은 이야기가 있다. 여기에서 마조가 백(白)과 흑(黑)을 말한 것은 곧 후백(侯伯)과 후흑(侯黑)의 이야기를 염두에 둔 말이다. 후백과 후흑은 『회해집(淮海集)』에 나오는 이야기 속의 인물들인데, 다음의 이야기가 있다 : 중국 민(閩) 땅에 후백(侯伯)이란 사람이 남을 잘 속이므로 이웃들이 두려워하여 사귀는 이가 없었다. 하루는 후백이 후흑(侯黑)이라는 여자를 우물가에서 만났는데, 무엇인가를 잃어버린 듯하였다. 후백이 이상하게 여겨 묻자 후흑이 말했다. "내가 귀고리를 우물 속에 빠뜨렸는데, 그 값이 백금(百金)어치입니다. 만일 찾아 주는 이가 있으면, 그 반값을 쳐줄 것입니다. 당신이 찾아 주시겠습니까?" 이에 후백은 귀고리를 찾으면 못 찾았다고 속이고 주지 않으리라 생각하고는 옷을 벗고서 우물 안으로 들어갔다. 그러나 후백이 우물 바닥에 이르자 후흑은 후백이 벗어 놓은 옷을 가지고 달아나 버렸다. 뛰는 도둑 위에 나는 도둑이 있다는 말이다.

10. 대열반

마곡보철[1] 선사가 어느 날 마조를 모시고 길을 가다가 물었다.
"무엇이 대열반(大涅槃)[2]입니까?"
마조가 말했다.
"급하구나."
"급한 것이 무엇입니까?"
"물을 보아라."[3]

麻谷寶徹禪師 一日隨祖行次 問 如何是大涅槃 祖云 急 徹云 急箇什麼 祖云 看水

| 도움말 |

무엇이 마음인가?

눈앞에 분명한 것이다.
무엇이 부처인가?
발 아래 분명한 것이다.
무엇이 열반인가?
마음도 부처도 찾지 않는 것이다.
무엇이 해탈인가?
생각 속에 있어도 생각이 없는 것이다.

---

1 마곡보철(麻谷寶徹; 생몰 연대 미상) 당대(唐代) 선승. 마곡(麻谷)은 머물렀던 산 이름. 출가하여 마조도일의 문하에 들어와 공부하여 마조의 법을 이었다. 산서성(山西省) 포주(蒲州) 마곡산(麻谷山)에 머물면서 선풍을 날렸다.
2 대열반(大涅槃) 큰 깨달음, 큰 적멸(寂滅), 큰 해탈.
3 「조당집」 제4권에는 단하(丹霞)와 마곡(麻谷)의 문답으로 같은 내용이 실려 있다.

11. 이 마음이 부처다

대매산(大梅山)의 법상(法常)[1] 선사가 처음 마조를 찾아와서 물었다.
"무엇이 부처입니까?"
마조가 말했다.
"바로 이 마음이 부처다."
법상은 곧 크게 깨달았다.

大梅山法常禪師 初參祖 問 如何是佛 祖云 卽心是佛 常卽大悟

| 도움말 |
무엇이 부처인가?

퉤!(침 뱉는 소리)

---

1 대매산(大梅山)의 법상(法常) 대매법상(大梅法常; 752-839). 당대(唐代) 선승. 속성은 정(鄭)씨. 호북성(湖北省) 양양(養陽) 출신. 어려서부터 호북성 형주(荊州)의 옥천사(玉泉寺)에서 수학하였고, 20세에 용흥사(龍興寺)에서 계를 받고 경론(經論)을 공부한 뒤에 선(禪)에 뜻을 두고 마조도일을 찾아가 그 문하에서 공부하여 깨달았다. 정원(貞元) 12년(796)에 절강성(浙江省) 사명(四明)의 여요(余姚) 남쪽에 있는 대매산(大梅山)에 들어가 30년을 숨어 살았다. 개성(開成) 원년(元年; 836)에 선원(禪院)을 짓고 호성사(護聖寺)라 이름 붙였는데, 문하에 배우는 무리가 7, 8백여 명이 모여들었다. 법을 이은 제자로는 항주천룡(杭州天龍)·신라가지(新羅迦智)·신라충언(新羅忠彦) 등이 있다. 어록에 『명주대매산상선사어록(明州大梅山常禪師語錄)』 1권이 있다.

12. 마음도 부처도 아니다

뒤에 대매산에 머물렀는데, 마조가 이 소식을 듣고는 한 승려를 보내어 묻게 했다.

"스님은 마조 스님을 뵙고서 무엇을 얻었기에 곧 이 산에 머무십니까?"

법상(法常)이 말했다.

"마조 스님은 나에게 '이 마음이 바로 부처'라고 말씀하셨습니다. 나는 곧 여기에 머물렀습니다."

그 승려가 말했다.

"요즈음 마조 스님의 불법(佛法)은 또 달라졌습니다."

법상이 물었다.

"어떻게 달라졌습니까?"

"요즈음은 다시 말하길 '마음도 아니고 부처도 아니다.'라고 하십니다."

이에 법상이 말했다.

"이 노인네가 사람을 혼란하게 만드는 것이 끝날 날이 없구나. 그대는 좋을 대로 마음도 아니고 부처도 아니라고 하라. 나는 다만 이 마음이 곧 부처일 뿐이다."

그 승려가 돌아와 이것을 마조에게 말하자, 마조가 말했다.

"매실이 익었구나."[1]

後居大梅山 祖聞師住山 乃令一僧到問云 和尙見馬師 得箇什麽 便住此山 常云 馬師向我道 卽心是佛 我便向這裡住 僧云 馬師近日佛法又別 常云 作麽生別 僧云 近日又道 非心非佛 常云 這老漢惑亂人 未有了日 任汝非心非佛 我只管卽心卽佛 其僧回擧似祖 祖云 梅子熟也

| 도움말 |

눈앞의 밀감을 수박이라고 해도 달라지는 것은 없다.
눈앞의 밀감을 황금이라고 해도 달라지는 것은 없다.
눈앞의 밀감을 밀감이 아니라고 해도 달라지는 것은 없다.
눈앞의 밀감을 밀감이라고 해도 달라지는 것은 없다.

1 11, 12 대매법상의 이야기는 『조당집』 제15권, 『경덕전등록』 제7권에도 실려 있다.

13. 부처가 없구나

　분주무업(汾州無業)[1] 선사가 마조를 찾아왔을 때, 마조는 그의 풍채가 훌륭하고 목소리가 종소리같이 우렁찬 것을 보고는 말했다.
　"으리으리한 불당(佛堂)[2]인데, 그 속에 부처가 없구나."
　무업이 절을 하고 꿇어앉아 물었다.
　"삼승(三乘)의 학문[3]은 대강 그 뜻을 살펴보았습니다만, 늘 듣기로 선문(禪門)[4]에서는 바로 이 마음이 곧 부처라고 하는데, 도무지 알 수가 없습니다."
　"다만 알지 못하는 마음이 곧 이것이고, 다시 다른 물건은 없다네."
　무업이 다시 물었다.
　"어떤 것이 조사가 서쪽에서 와 비밀리에 전한 마음도장입니까?"

"스님은 정말 시끄럽군. 우선 갔다가 다른 때 오게."

무업이 막 나가는데, 마조가 불렀다.

"스님!"

무업이 머리를 돌리자 마조가 말했다.

"이것이 무엇이냐?"

무업이 곧 깨닫고는 절을 하니, 마조가 말했다.

"이 둔한 사람아, 절은 해서 뭐하나?"5)

汾州無業禪師參祖 祖睹其狀貌瓌偉 語音如鐘 乃曰 巍巍佛堂 其中無佛 業禮跪而問曰 三乘文學 粗窮其旨 常聞禪門卽心是佛 實未能了 祖曰 只未了底心卽是 更無別物 業又問 如何是祖師 西來密傳心印 祖曰 大德正鬧在 且去別時來 業纔出 祖召曰 大德 業迴首 祖云 是什麼 業便領悟禮拜 祖云 這鈍漢 禮拜作麼

| 도움말 |

중생은 하늘의 별은 잘 알지만 자기 발밑은 모른다.

중생은 부처님은 잘 알지만 자신은 모른다.

중생은 어제와 내일의 일은 잘 알지만

지금 당장의 일은 모른다.

중생은 세상일을 다 걱정하지만

걱정 없는 곳이 어딘지는 모른다.

---

1 **분주무업**(汾州無業; 760-821) 당대(唐代) 선승. 분주(汾州)는 머물렀던 곳의 지명. 속성은 두(杜)씨. 섬서성(陝西省) 상주(商州) 상락(上洛) 출신. 9살에 개원사(開元寺)의 지본(志本)에게 가서 배우고, 12세에 삭발하고, 20세에 호북성(湖北省) 양주의 유(幽) 율사에게 계를 받았다. 『사분율(四分律)』에 뛰어나고 『대반열반경(大般涅槃經)』을 강의하였는데, 뒤에 홍주(洪州)의 마조도일을 찾아가 선을 배우고 깨달아 마조의 법을 이었다. 여러 성지(聖地)를 순례하고 오대산(五臺山)에서는 대장경(大藏經)을 열람한 뒤에 산서성(山西省) 분주(汾州)의 개원사(開元寺)에 들어가 머물렀다. 시호는 대달선사(大達禪師)이다.

2 **불당**(佛堂) 불전(佛殿). 불상(佛像)을 모신 집.

3 **삼승**(三乘)**의 학문** 삼승(三乘)은 성문승(聲聞乘)·연각승(緣覺乘)·보살승(菩薩乘). 성문승과 연각승은 소승(小乘)이고 보살승은 대승(大乘)이므로, 삼승은 곧 소승과 대승을 모두 가리키는 말이다. 조사선(祖師禪)은 최상승(最上乘)이라고 하여 삼승(三乘)의 가르침과는 다르다. 삼승의 가르침이란 소승불교와 대승불교의 가르침, 곧 방편설(方便說)의 가르침을 일컫는다. 이에 반하여 조사선은 문자를 세우지 않고〔不立文字〕경전의 방편설 밖에서 따로 전하여〔敎外別傳〕 마음에서 마음으로 전하는〔以心傳心〕가르침이므로 삼승의 가르침

과는 다르다고 하는 것이다.

4 선문(禪門) 　조사선(祖師禪)의 문하(門下). 여기서는 육조혜능(六祖慧能) 문하의 중국 선종(禪宗).

5 『조당집』 제15권, 『경덕전등록』 제8권, 『종경록』 제98권에 같은 이야기가 실려 있다.

14. 미끄러운 석두의 길

등은봉[1]이 마조에게 하직 인사를 하니 마조가 물었다.

"어디로 가느냐?"

"석두[2]로 갑니다."

"석두로 가는 길은 미끄럽다."

"간목(竿木)[3]에 몸을 의지하여, 마당을 만나면 한바탕 놀아 보겠습니다."

그러고는 바로 갔는데, 석두에 도착하자마자 선상(禪床)[4]을 한 바퀴 돌고는 석장(錫杖)[5]으로 땅을 한 번 쿵 짚으며 물었다.

"이것은 무슨 종지(宗旨)[6]입니까?"

석두가 말했다.

"아이고! 아이고!"[7]

등은봉은 할 말이 없었다. 돌아와 마조에게 그 사실을 말하니, 마조가 말했다.

"다시 가서 그가 '아이고! 아이고!' 하거든, 너는 곧 '허! 허!'라고 하여라."

등은봉이 다시 가서 앞서와 같이 물으니, 석두가 이에 "허! 허!"하고 소리를 냈다. 등은봉은 다시 할 말이 없어졌다. 돌아와 마조에게 그대로 말하자, 마조가 말했다.

"석두로 가는 길은 미끄럽다고 너에게 말하지 않았느냐?"⁸⁾

鄧隱峰辭祖 祖曰 甚處去 云石頭去 祖曰 石頭路滑 云竿木隨身 逢場作戲 便去 纔到石頭 乃遶禪床一匝 振錫一下 問 是何宗旨 頭曰 蒼天蒼天 峰無語 卻回擧似祖 祖曰 汝更去 見他道蒼天蒼天 汝便噓兩聲 峰又去 一依前問 頭乃噓兩聲 峰又無語 歸擧似祖 祖曰 向汝道石頭路滑

| 도움말 |

자기 입으로 스스로 말하지 못하면,
아무리 눈치 빠르게 남의 말을 흉내 내어도,
조만간 막히게 마련이다.
어디에 제 입이 있는가?
아이고! 아이고!

1 **등은봉**(鄧隱峰) 오대은봉(五臺隱峰; 생몰년대 미상). 당대(唐代) 선승. 오대(五臺)는 머물렀던 산 이름. 속성은 등(鄧)씨. 마조도일과 석두희천을 찾아가 선을 묻고, 마조의 한 마디 말끝에 깨달아 마조의 법을 이었다. 남전보원(南泉普願)·위산영우(潙山靈祐)와 사귀었으며 겨울에는 형악산(衡嶽山)에, 여름에는 청량산(淸涼山)에 머물렀다. 오대산(五臺山) 금강굴(金剛窟) 앞에서 입적하였다.

2 **석두**(石頭) 석두희천(石頭希遷; 700-790). 청원행사(靑原行思) 문하의 선승으로서 남악회양(南嶽懷讓) 문하의 마조와 쌍벽을 이룬 사람. 육조혜능의 조사선은 마조와 석두에 의하여 활짝 꽃을 피워서, 마조의 문하에서 위앙종(潙仰宗)과 임제종(臨濟宗)이 나오고, 석두의 문하에서 운문종(雲門宗)·조동종(曺洞宗)·법안종(法眼宗)이 나와서 조사선의 황금시대를 펼쳤다. 마조와 석두는 동시대에 활약한 선승으로서 학인들은 강서성(江西省)의 마조와 호남성(湖南省)의 석두 사이를 왕래하면서 공부하였다.

3 **간목**(竿木) 고대 곡예사들이 올라가 곡예를 부릴 때에 사용하던 긴 장대.

4 **선상**(禪床) 선상(禪牀)이라고도 쓴다. 좌선(坐禪)할 때 앉는 의자. 통상 선원(禪院)에서 선승이 앉는 의자.

5 **석장**(錫杖) khakkhara. 극기라(隙棄羅)라 음역. 성장(聲杖)·지장(智杖)이라 번역. 승려가 짚는 지팡이. 지팡이의 상부(上部)는 주석(錫), 중부는 나무, 하부는 뿔·아(牙)를 사용. 지팡이 머리는 탑 모양으

로 만들어 큰 고리를 끼웠고, 그 고리에 작은 고리 여러 개를 달았다. 길을 갈 때에 땅에 굴려 소리를 내 짐승·벌레 따위를 일깨우기도 하고, 남의 집에 가서 밥을 빌 때 자기가 온 것을 그 집 사람에게 알리기 위하여 흔들기도 한다. 우리나라에서는 육환장(六環杖)이라 함.

6 종지(宗旨)　한 종파(宗派)의 근본 취지. 여기서는 선종(禪宗)의 근본 취지. 곧 도(道), 법(法), 본래면목, 마음, 선(禪), 부처, 조사가 서쪽에서 온 뜻 등의 말이 가리키는 것.

7 창천창천(蒼天蒼天)　아이고! 아이고! (곡(哭)하는 소리)

8 『경덕전등록』제6권, 『천성광등록』제8권, 『종문통요(宗門統要)』제3권에도 같은 이야기가 실려 있다.

15. 다리를 다치다

하루는 등은봉이 흙을 실은 수레를 밀고 가는데, 마조가 길 위에 다리를 펴고 앉아 있었다. 등은봉이 말했다.

"스님, 다리를 거두어 주십시오."

마조가 말했다.

"이미 펼쳤으니 거두어들이지 못한다."

등은봉이 말했다.

"이미 나아가고 있으니 물러나지 못합니다."

그리하여 그대로 수레를 밀고 지나가는 바람에 마조가 다리를 다쳤다. 법당(法堂)으로 돌아간 마조는 도끼를 손에 쥐고서 말했다.

"아까 노승(老僧)[1]의 다리를 치어서 다치게 한 놈은 나오너라."

등은봉은 곧 나아가서 마조 앞에서 목을 쭉 뺐다. 마조가 이에

도끼를 내려놓았다.[2)]

峰 一日推土車次 祖展脚在路上坐 峰云 請師收足 祖云 巳展不收 峰云 巳進不退 乃推車碾過 祖脚損 歸法堂 執斧子云 適來碾損老僧脚底出來 峰便出 於祖前引頸 祖乃置斧

| 도움말 |

죽지 않으려면 언제나 바로 여기에 있어야 한다.
머리를 굴리고 머뭇거렸다간 바로 목이 달아난다.
여기에는 삶과 죽음이 따로 없으니, 두려움도 없다.
분별과 시비 속에서는 언제나 죽음을 향하고 있으니, 두렵지 않을 수 있으랴?
여기가 어디인가?
탁!(손가락 튕기는 소리)

---

1 **노승**(老僧) 늙은 스님. 마조 자신을 가리키는 겸칭(謙稱).
2 『경덕전등록』 제8권, 『종문통요』 제3권, 『연등회요(聯燈會要)』 제5권에도 같은 이야기가 실려 있다.

16. 방망이 맛

석구(石臼)¹⁾ 화상이 처음 마조를 찾아왔을 때, 마조가 물었다.
"어디에서 오는가?"
"오구(烏臼)²⁾에서 옵니다."
"오구 스님은 요즈음 무슨 말씀을 하는가?"
"몇 사람이나 여기에서 어쩔 줄 몰라 쩔쩔맸을까?"³⁾
"어쩔 줄 모르는 것은 우선 내버려두고,⁴⁾ 고요한⁵⁾ 한 마디는 어떤가?"
석구가 이에 앞으로 세 걸음 다가왔다. 마조가 말했다.
"내가 오구 스님을 일곱 대 때려야겠는데, 그대에게 대신 때려줄 것을 부탁하네. 기꺼이 그렇게 하겠는가?"
석구가 말했다.
"스님께서 먼저 방망이 맛을 보시면, 제가 그 뒤에 기꺼이 그렇게 하겠습니다."

그리고는 오구로 돌아갔다.

石臼和尙初參祖 祖問 什麼處來 曰云 烏臼來 祖云 烏臼近日
有何言句 曰云 幾人於此茫然在 祖云 茫然且置 悄然一句作麼
生 曰乃近前三步 祖云 我有七棒 寄打烏臼 儞還甘否 曰云 和尙
先喫 某甲後甘 卻迴烏臼

| 도움말 |

제자리가 확실하면 밀어도 꿈쩍 않고 당겨도 꿈쩍 않는다.

칭찬해도 기뻐하지 않고 비난해도 성내지 않는다.

모든 말이 자기 입에서 나오고,

모든 행동이 자기 몸에서 나오니,

이런 사람은 어떻게도 할 수가 없다.

---

1 **석구**(石臼) 당대(唐代) 선승. 자세한 것은 알 수 없다.
2 **오구**(烏臼) 당대(唐代) 선승. 자세한 것은 알 수 없다.
3 **망연**(茫然) 어쩔 줄 모르다. 멍청하다. 막연하다.
4 **차치**(且置) 우선 놓아두다. 우선 내버려두다. 일단 그대로 두다.
5 **초연**(悄然) ①고요한 모습. ②이전과 다름없는 모습. ③여전하구나.

17. 무엇이 강설하는가

양좌주(亮座主)[1]가 마조를 찾아오자 마조가 물었다.
"좌주께선 경론을 잘 강설(講說)하신다고 들었는데, 사실입니까?"
양좌주가 말했다.
"별 말씀을······."
"무엇을 가지고 강설합니까?"
"마음을 가지고 강설합니다."
"마음은 능숙한 기생(妓生)과 같고 의식은 기생과 더불어 노는 자와 같은데, 어떻게 경(經)을 알 수 있겠습니까?"
양좌주가 목소리를 높여서 말했다.
"마음이 강설하지 못한다면, 허공이 강설할 수 있단 말입니까?"
"도리어 허공이 강설할 수 있습니다."

양좌주는 긍정하지 않고 곧 나갔다. 막 계단을 내려가려 하는데, 마조가 불렀다.

"좌주!"

양좌주는 머리를 돌리다 문득 크게 깨닫고는 곧 절을 올렸다. 마조가 말했다.

"이 둔한 스님아, 절은 무엇 하러 하는가?"

양좌주는 자기 절로 돌아가 대중에게 말하였다.

"제가 경론을 강설하면서 누구보다도 뛰어나다고 여겼는데, 오늘 마조 대사의 한 번 물음에 일평생의 공부가 얼음이 녹고 기와가 부서지듯이 사라져 버렸습니다."

곧장 서산(西山)으로 들어가서는 다시는 종적이 없었다.[2]

亮座主參祖 祖問曰 見說座主大講得經論 是否 亮云 不敢 祖曰 將甚麽講 亮云 將心講 祖曰 心如工伎兒 意如和伎者 爭解得經 亮抗聲云 心旣講不得 虛空莫講得麽 祖曰 卻是虛空講得 亮不肯 便出 將下階 祖召云 座主 亮回首 豁然大悟 便禮拜 祖曰 這鈍根阿師 禮拜作麽 亮歸寺 告聽衆曰 某甲所講經論 謂無人及得 今日被馬大師一問 平生工夫 冰消瓦解 徑入西山 更無蹤跡

| 도움말 |

무엇이 허공입니까?

좌주!

무엇이 마음입니까?

절하라!

---

1 양좌주(亮座主; **생몰 연대 미상**)   자세한 전기를 알 수 없다.

2 『조당집』 제14권, 『경덕전등록』 제8권, 『종경록』 제92권, 『남전어요(南泉語要)』 등에 같은 이야기가 있다.

18. 조사가 서쪽에서 온 뜻

홍주(洪州)의 수로(水老)[1] 화상이 처음 마조를 찾아와서 물었다.
"어떤 것이 조사가 서쪽에서 오신 분명한 뜻입니까?"
마조가 말했다.
"절하라."
수로가 막 엎드려 절을 하는데, 마조가 곧 한 번 밟아 버렸다. 이에 수로가 크게 깨달았다. 일어나 박수를 치며 "하! 하!" 하고 크게 웃고는 말했다.
"참으로 신기하다. 참으로 신기해. 온갖 삼매(三昧)와 헤아릴 수 없는 묘한 뜻을 다만 한 털끝 위에서 곧 근원까지 알아 버렸구나."
곧 절을 하고는 물러갔다. 뒷날 대중들에게 말했다.
"마조 스님에게 한 번 밟힌 이래로 지금까지 웃음이 그치질 않는구나."[2]

洪州水老和尙 初參祖問 如何是西來的的意 祖云 禮拜著 老
纔禮拜 祖便與一踏 老大悟 起來撫掌呵呵大笑云 也大奇 也大
奇 百千三昧 無量妙義 只向一毛頭上 便識得根源去 便禮拜而
退 後告衆云 自從一喫馬師踏 直至如今笑不休

| 도움말 |

달마가 어디에 있습니까?

절하라.

부처가 어디에 있습니까?

한 번 웃어 보라.

---

1 **홍주(洪州)의 수로(水老)** 홍주수로(洪州水老; 생몰연대 미상). 당대(唐代) 스님. 홍주는 머물렀던 곳의 지명. 마조도일을 찾아와 공부하여 깨달아 마조의 법을 이었다. 홍주수료(洪州水潦)라고도 한다. 자세한 전기는 알 수 없다.

2 『경덕전등록』 제8권 '수로(水老)', 『천성광등록』 제8권 '마조', 『종문통요』 제3권, 『연등회요』 제5권 '수료(水潦)', 『고존숙어록』 제1권 '마조' 등에도 실려 있다.

19. 만법과 짝하지 않는 자

방거사(龐居士)[1]가 마조에게 물었다.
"만법(萬法)과 짝하지 않는 자[2]는 어떤 사람입니까?"
마조가 말했다.
"그대가 한입에 서강(西江)의 물을 몽땅 마시기를 기다려서, 그대에게 말해 주겠다."[3]

龐居士問祖云 不與萬法爲侶者 是甚麽人 祖曰 待汝一口吸盡西江水 卽向汝道

| 도움말 |
만법에 매이지 않는 자는 어디에 있습니까?
흘러가는 물결을 보아라.

만법과 둘이 되지 않는 자는 누구입니까?
물 한 잔 마셔라!

---

1 방거사(龐居士)   방온(龐蘊; ?-808). 당대(唐代)의 거사(居士). 마조도일의 문하에서 공부하였다. 자(字)는 도현(道玄). 호남성(湖南省) 형양(衡陽) 출신. 정원(貞元) 초(785년)에 석두희천을 찾아가 약간의 깨달음을 얻은 다음 마조도일에게 법을 물어서 확실하게 통달하여 자리가 잡혔다. 마조 문하에서 2년 동안 공부하였다. 일생을 거사로 마쳤지만 견처(見處)가 분명하여 중국의 유마거사(維摩居士)라 불렸다. 양주(楊州) 자사(刺史) 우적(于迪)이 편찬한 『방거사어록(龐居士語錄)』 3권이 있다.

2 만법(萬法)과 짝하지 않는 자   어떤 것과도 둘이 되지 않는 자, 어떤 경우에도 철저히 불이법문(不二法門)에 들어 있는 자.

3 『조당집』 제15권, 『연등회요』 제6권, 『방거사어록(龐居士語錄)』 등에도 같은 이야기가 있다.

20. 줄 없는 거문고

다시 마조에게 물었다.

"본래인(本來人)¹⁾을 어둡게 하지 마시고, 스님께선 눈을 높이 들어 바라보십시오."²⁾

마조가 곧 아래를 내려다보았다. 이에 방거사가 말했다.

"하나의 줄 없는 거문고를 스님만이 묘하게 잘 타시는군요."³⁾

마조가 곧 위를 쳐다보았다. 방거사가 이에 절을 하니, 마조는 방장(方丈)으로 돌아갔다. 방거사가 마조 뒤를 따라 들어와서는 말했다.

"아까는 잔꾀를 부리다가 도리어 어설프게 되었습니다."⁴⁾

又問祖云 不昧本來人 請師高著眼 祖直下　士云 一種沒絃琴
唯師彈得玅 師直上　士乃作禮 祖歸方丈 士隨後入曰 適來弄巧

成拙

| 도움말 |

줄 없는 거문고를 어디에서 탈까?
벌써 한 곡조 타고 있구나.
이 곡조는 끊어진 적이 없으니,
누구라도 늘 이 곡조를 타고 있다.

---

1 **본래인**(本來人) 본래의 사람, 즉 본래면목(本來面目), 본성(本性), 불성(佛性), 실상(實相).

2 **고착안**(高著眼) 착안(著眼)은 '눈을 크게 뜨다. 눈을 들어 바라보다. 눈길을 보내다.'는 뜻이니, 고착안(高著眼)은 '높은 통찰력을 가지고 바라보다' '높은 안목을 가지고 바라보다' '상대를 끊은 절대의 진리를 보다'는 뜻이다.

3 줄 없는 거문고를 탈 줄 알면, 한 손으로 박수를 칠 줄도 알고, 그늘 없는 땅과 메아리 없는 골짜기에서 뿌리 없는 나무를 키울 줄도 알고, 입을 다물고 말할 줄도 알고, 눈을 감고서 볼 줄도 알고, 한 발자국도 떼지 않고 온 천하를 돌아다닐 줄도 안다.

4 **농교성졸**(弄巧成拙) 잔꾀를 부리다가 서툴게 되었다. 잔꾀를 부리다가 도리어 어설프게 되었다. 농교(弄巧)는 잔꾀를 부린다는 뜻.

21. 물도 없고 배도 없다

다시 물었다.

"예컨대 물에는 근육도 뼈도 없는데, 능히 만 섬을 싣는 배를 이겨 낼 수 있습니다. 이 도리(道理)가 어떻습니까?"

마조가 말했다.

"여기에는 물도 없고 배도 없는데, 무슨 근육과 뼈를 말하는가?"

又問 如水無筋骨 能勝萬斛舟 此理如何 祖曰 這裡無水亦無舟 說甚麼筋骨

| 도움말 |

도리는 모두 분별이 만드는 망상의 집이다.

망상의 집이 아무리 잘 지어져도,
주춧돌, 기둥, 벽, 지붕, 방바닥,
무엇이든 빠짐없이 모조리 헛것이다.
오로지 하나의 진실이 있으니,
망상의 집을 지탱하고 있는 것이 바로 진실이다.

22. 울음을 그치게 하려고

한 승려가 물었다.
"스님은 무엇 때문에 이 마음이 곧 부처라고 말씀하십니까?"
마조가 말했다.
"어린아이가 우는 것[1]을 그치게 하기 위해서이다."[2]
"울음을 그친 뒤[3]에는 어떻습니까?"
"마음도 아니고 부처도 아니다."
"이 두 종류가 아닌 사람이 오면 어떻게 가리켜 줍니까?"
"그에게 어떤 물건도 아니라고 말해 준다."
"문득 그 속의 사람[4]이 올 때에는 어떻습니까?"
"먼저 그가 대도(大道)를 직접 깨닫도록 해 준다."

僧問 和尙爲甚麼 說卽心卽佛 祖曰 爲止小兒啼 曰 啼止時如

何 祖曰 非心非佛 曰 除此二種人來 如何指示 祖曰 向伊道不是
物 曰 忽遇其中人來時如何 祖曰 且敎伊體會大道

| 도움말 |

가짜 돈을 좋아하는 아이도 있고,
뗏목을 좋아하는 사람도 있고,
손가락을 좋아하는 사람도 있고,
달을 좋아하는 사람도 있겠지만,
가장 좋은 것은,
당장에 이 모든 것들을 싹 쓸어버리고,
바로 꿈에서 깨어나는 것이다.

---

1 어린아이가 우는 것 미혹 속에서 의지할 것을 찾아 헤매는 사람. 법을 구하는 사람. 믿음을 갖지 못한 중생. 『대반열반경(大般涅槃經)』 제21권 '영아행품(嬰兒行品)'에 "영아행(嬰兒行)이란 어린아이가 큰 소리로 보채며 우는 것을 이른다. 이때 부모는 서둘러 버드나무의 노란 잎을 따 가지고 와서 우는 아이에게 주며 '울지 마라. 내가 금을 줄게.'라고 달랜다. 아무것도 모르는 아이는 그것이 진짜 금인 줄 알고 곧 울음을 그친다. 그러나 이 노란 잎은 진짜 금이 아니다."라는 이야기가 나온다.

2 남전보원은 다음과 같이 말하고 있다. "강서(江西)의 마조 스님께서는 마음이 곧 부처라고 하셨는데 이는 일시적으로 물음에 대답한 말에 불과하다. 밖을 향해 구하는 병을 멈추기 위한 약이며, 손에 쥔 단풍잎으로 아기의 울음을 멈추게 하려는 말일 뿐이다. 그러므로 말하기를 마음도 아니요, 부처도 아니요, 물건도 아니라 하였더니 아직껏 많은 사람들은 마음이라 부르고, 부처라 하고, 지혜라 하고, 도라 하고, 보고 듣고 느끼고 아는 것 모두가 부처라 한다. 만일 이렇게 안다면 연야달다(演若達多)가 머리를 가지고 있으면서도 머리를 찾는 꼴이다."(『조당집』 제16권 남전) 마음이 곧 부처라는 말은 마음 밖에서 부처를 찾아 헤매는 사람들의 병을 치유하기 위한 방편의 말일 뿐이다. 마음이 곧 부처라는 말을 말로서만 이해하면 그렇지만, 마음이 곧 부처라는 말을 말로서만 이해하지 않을 수 있다면, 역시 마음이 곧 부처이다.

3 울음을 그친 뒤 가르침을 따르게 된 뒤, 믿음을 갖게 된 뒤.

4 기중인(其中人) 그 속의 사람. 관계사. =개중인(箇中人). 여기에서 그 속의 사람이란 믿음을 갖춘 공부할 만한 사람을 가리킨다.

23. 조사가 서쪽에서 온 뜻

"어떤 것이 서쪽에서 오신 뜻입니까?"
마조가 말했다.
"바로 지금은 무슨 뜻이냐?"

問 如何是西來意 祖曰 卽今是甚麼意

| 도움말 |

지금 여기에 없는 것은 이 세상 어디에도 없다.
지금 여기에 없는 것은 아무리 기다려도 오지 않는다.

24. 도에 합하다

어떤 승려가 물었다.
"어떻게 도(道)와 합할 수가 있습니까?"
마조가 말했다.
"나는 도와 합했던1) 적이 없다."2)

僧問 如何得合道 祖曰 我早不合道

| 도움말 |

도를 보는 자는 망상을 보는 자이다.
도를 아는 자에게는 망상이 있을 뿐이다.
도를 찾는 자에게는 망상이 나타날 뿐이다.
보지도 않고 알지도 않고 찾지도 않으면,

바람에 날리는 낙엽이 바로 도이다.

───────────────

1 조(早)   이(已), 이경(已經)과 같은 뜻. 이미. 벌써. 조불(早不)은 '……한 적이 없다'는 뜻.
2 『경덕전등록』 제6권, 『고존숙어록』 제1권 '마조' 등에도 실려 있다. 『연등회요』 제5권 '등은봉'에는 같은 내용의 문답이 등은봉과 석두의 문답으로 실려 있다.

25. 조사가 서쪽에서 온 뜻

"어떤 것이 서쪽에서 오신 뜻입니까?"
마조가 곧 때리고는 말했다.
"내가 그대를 때리지 않는다면, 여러 곳에서 나를 비웃을 것이다."

問 如何西來意 祖便打曰 我若不打汝 諸方笑我也

| 도움말 |

입에서 나오는 말은 잘 알면서,
말하는 입을 모르는 것이 중생이다.

26. 일원상—圓相

탐원(耽源)[1]이라는 제자[2]가 있었는데, 행각(行脚)[3]에서 돌아와 마조 앞에다 원 모양[4]을 하나 그린 뒤에, 그 위로 나아가 절을 하고는 섰다. 이에 마조가 말했다.

"너는 부처 노릇을 하고 싶은 것이냐?"

"저는 눈을 비벼서 헛꽃을 만들 줄 모릅니다."[5]

"내가 너만 못하구나."

제자는 대답이 없었다.[6]

有小師耽源 行脚回 於祖前畫箇圓相 就上拜了立 祖曰 汝莫欲作佛否 曰 某甲不解捏目 祖曰 吾不如汝 小師不對

| 도움말 |

만들지 않는다고 말하는 자는 이미 만든 자이다.
모른다고 말하는 자는 이미 알고 있는 자이다.

---

1 **탐원(耽源)** 탐원응진(耽源應眞) 혹은 탐원진응(耽源眞應). 생몰 연대 알 수 없음. 당대(唐代)의 선승. 탐원(耽源)은 머물렀던 산 이름. 남양혜충(南陽慧忠; ?-775)의 법을 이었는데, 강서성(江西省) 길안현(吉安縣) 길주(吉州) 탐원산(耽源山)에 머물렀다. 처음에는 마조의 문하에 있었으나, 행각(行脚) 끝에 장안(長安)에 들어와 남양혜충(南陽慧忠)의 시자(侍者)가 되었고, 마침내 혜충의 법을 받았으며 혜충으로부터 후사(後事)를 부탁받았다. 뒤에 다시 마조에게 돌아왔을 때 이 문답이 이루어졌다.

2 **소사(小師)** 제자.

3 **행각(行脚)** 선승(禪僧)이 선지(禪旨)를 묻고 공부하기 위하여 고승(高僧)들을 찾아 이 절 저 절로 여행하는 일.

4 **원 모양** 원상(圓相)은 원만하고 완전히 만족한 진여(眞如)·실상(實相)·불성(佛性)·깨달음을 상징하는 모양.『조정사원(祖庭事苑)』제2권 '설두염고' 편에서 원상을 설명하기를, "원상(圓相)은 남양혜충(南陽慧忠)이 최초로 사용하였으며, 이를 탐원(耽源)에게 전수하였고, 탐원은 이를 앙산(仰山)에게 전수하여 마침내 위앙종(潙仰宗)의 가풍으로 자리 잡았다."고 하고 있다.

5 날목(捏目)은 날목생화(捏目生花)의 준말. 날목생화(捏目生花)란 눈을 비벼서 헛꽃이 눈에 보이게 되는 것. 눈을 눌러서 비비면 순간 허공 속에 꽃잎 모양의 허상(虛像)이 나타났다 사라지는데, 이것을 헛꽃이라고 한다. 그러므로 날목생화(捏目生花)란 실제로 없는 것을 억지로 조작하여 만든다는 말이다.

6 「조당집」제4권, 「경덕전등록」제13권, 「종문통요」제2권, 「연등회요」제3권 등에도 실려 있다.

27. 네 개의 선

어떤 승려가 마조 앞에서 네 개의 선을 그었는데, 위의 한 선은 길고 아래의 세 선은 짧았다. 그리고서 말했다.

"한 선은 길고 세 선은 짧다고 말해서는 안 됩니다. 사구(四句)를 떠나고 백비(百非)를 끊고서, 스님께서 저에게 답해 주십시오."

마조가 이에 땅에다 선 하나를 긋고서 말했다.

"길고 짧다고 말할 수 없다. 그대에게 답하였다."[1]

有僧於祖前 作四畫 上一畫長下三畫短 曰 不得道一畫長三畫短 離四句絕百非 請和尙答某甲 祖乃畫地一畫曰 不得道長短答汝了也

| 도움말 |

진실은 언제나 하나이다.
진실에 두 번째는 없다.
번개 이야기를 할 때에는,
이미 번개가 사라지고 없다.

---

1 『조당집』 제14권, 『경덕전등록』 제6권, 『천성광등록』 제8권, 『종문통요』 제3권, 『연등회요』 제4권 등에 같은 내용이 실려 있다.

28. 일원상

마조가 어떤 승려를 시켜 편지를 경산흠(徑山欽)[1] 화상에게 가져다주도록 하였는데, 그 편지 속에는 일원상(一圓相)이 그려져 있었다. 경산은 편지를 열어 그것을 보자마자 붓을 가져와 일원상 속에다 한 점을 찍었다. 뒤에 어떤 승려가 이 이야기를 충국사(忠國師)[2]에게 하였더니, 국사가 말했다.

"흠(欽) 스님이 오히려 마조 스님에게 속았다."

祖令僧馳書與徑山欽和尙 書中畫一圓相 徑山纔開見 索筆 於中著一點 後有僧 擧似忠國師 國師云 欽師 猶被馬師惑

| 도움말 |

일원상에 흠을 남겼구나.

1 **경산흠**(徑山欽)　경산도흠(徑山道欽; 714-792). 경산법흠(徑山法欽)이라고도 한다. 당대(唐代) 스님. 경산(徑山)은 머물렀던 산 이름. 속성은 주(朱)씨. 소주(蘇州) 곤산(崑山) 출신. 유교를 공부하다가 28세에 우두법융(牛頭法融)의 문하인 학림현소(鶴林玄素)를 만나 출가하였다. 임안(臨安)의 경산(徑山)에 머물렀다. 우두법융의 우두종(牛頭宗)의 법을 이었다. 당시 선종(禪宗)의 수행승들 가운데 많은 사람들이 마조와 석두와 경산 사이를 왕래하며 공부하였다는 기록이 남아 있다. 시호(諡號)는 대각(大覺).

2 **충국사**(忠國師)　남양혜충(南陽慧忠; ?-775). 당대(唐代) 선승. 남양(南陽)은 머물렀던 지명(地名). 속성은 염(冉)씨. 절강성(浙江省) 소흥부(紹興府) 제기현(諸暨縣) 출신. 어려서부터 육조혜능의 문하에서 공부하여 혜능의 법을 이었다. 혜능이 입멸한 뒤, 호남성 오령(五嶺) · 광동성 나부(羅浮) · 절강성 사명(四明) · 절강성 천목(天目) 등을 돌아다니다가 하남성 남양(南陽)의 백애산(白崖山) 당자곡(黨子谷)으로 들어가 40여 년간 머물렀다. 당(唐)의 숙종(肅宗)과 대종(代宗)이 그 명성을 듣고 초청하여 스승으로 모셨다. 혜충은 청원행사(靑原行思) · 남악회양(南嶽懷讓) · 하택신회(荷澤神會) · 영가현각(永嘉玄覺) 등과 더불어 혜능 문하의 5대 제자로서, 북쪽 지방에서 혜능의 선(禪)을 널리 펼쳤다. 남방(南方)의 마조나 석두가 경전보다는 자신의 견처에 중심을 두고 가르침을 펼친 반면, 혜충은 교학(敎學)도 중시하였다. 대종(代宗)이 대증국사(大證國師)라는 시호를 내림.

29. 좌주의 법

어떤 강승(講僧)[1]이 와서 물었다.
"선종(禪宗)에서는 어떤 법을 전하고 가지는지 모르겠습니다."
마조가 도리어 물었다.
"좌주(座主)께선 어떤 법을 전하고 가집니까?"
"송구스럽게도[2] 경론(經論) 이십여 권을 강(講)할 수 있습니다."
"사자 새끼로규요?"
"별 말씀을……."
이에 마조가 "허! 허!" 하고 소리를 내었다. 좌주가 말했다.
"이것이 법이군요."
"이것이 무슨 법입니까?"
"사자가 굴에서 나오는 법입니다."
이에 마조는 잠잠히 있었다. 그러자 좌주가 말했다.
"이것 역시 법이군요."

"이것은 무슨 법입니까?"

"사자가 굴속에 있는 법입니다."

이에 마조가 말했다.

"나가지도 않고 들어가지도 않는 것은 무슨 법입니까?"

좌주는 대답을 못하고 있다가, 이윽고 하직 인사를 하고 문밖을 나섰다. 그때 마조가 불렀다.

"좌주!"

좌주가 머리를 돌리자, 마조가 말했다.

"이것은 무엇인가?"

좌주가 역시 말이 없자, 마조가 말했다.

"이 근기가 둔한 스님아!"

有講僧來問曰 未審禪宗傳持何法 祖卻問曰 座主傳持何法 主曰 忝講得經論二十餘本 祖曰 莫是獅子兒否 主曰 不敢 祖作噓噓聲 主曰 此是法 祖曰 是甚麽法 主曰 獅子出窟法 祖乃默然 主曰 此亦是法 祖曰 是甚麽法 主曰 獅子在窟法 祖曰 不出不入 是甚麽法 主無對 遂辭出門 祖召曰 座主 主回首 祖曰 是甚麽 主亦無對 祖曰 這鈍根阿師

| 도움말 |

첫 단추를 어긋나게 꿰면 끝내 어긋나듯이,
한 번 망상에 발을 디디면 끝내 망상 속을 헤맨다.

---

1 강승(講僧) 경론(經論) 즉 불교 철학을 강의하는 승려. 좌주(座主)·법사(法師)·강사(講師)라고도 한다.
2 첨(忝) 황송하게도. 송구스럽게도. 분에 넘치게도.

30. 승상의 복

홍주(洪州)의 염사(廉使)[1]가 물었다.

"술과 고기[2]를 먹는 것이 옳습니까? 먹지 않는 것이 옳습니까?"

마조가 말했다.

"만약 먹는다면 중승(中丞)[3]의 녹(祿)[4]이요, 먹지 않는다면 중승의 복(福)입니다."

洪州廉使問曰 喫酒肉卽是 不喫卽是 祖曰 若喫是中丞祿 不喫是中丞福

| 도움말 |

녹(祿)보다도 복(福)보다도 더욱 좋은 것은

옳음과 그름을 헤아리지 않는 것이라네.

---

1 염사(廉使)   안찰사(按察使). 관리의 청렴성(淸廉性) 즉 선악(善惡)·풍속(風俗)·정사(政事) 등을 현지에 파견되어 직접 살펴서 조정에 보고하는 직무를 수행한다.

2 술과 고기   술은 오계(五戒) 속에서 금하고 있는 음식이고, 고기는 보살사십팔경계(菩薩四十八輕戒)에서 금하고 있는 음식이다.

3 중승(中丞)   어사중승(御史中丞)을 축약한 말로서 안찰사(按察使)를 가리키는 말이다.

4 녹(祿)   관리의 보수, 임금. 녹봉(祿俸)이라고 한다.

31. 직지인심 견성성불

약산유엄¹⁾ 선사가 처음 석두(石頭)를 찾아가서는 바로 물었다.

"삼승십이분교(三乘十二分敎)²⁾는 제가 대략 압니다. 그런데 남방(南方)³⁾의 직지인심(直指人心)과 견성성불(見性成佛)⁴⁾을 늘 듣고는 있습니다만, 도무지 알 수가 없습니다. 엎드려 바라건대 스님께서 자비로써 가리켜 주십시오."

석두가 말했다.

"이렇게 해도 안 되고, 이렇게 하지 않아도 안 되고, 이렇게 하고 또 이렇게 하지 않아도 모두 안 된다. 그대는 어떻게 하겠는가?"⁵⁾

약산이 멍하니 있자, 석두가 말했다.

"그대의 인연(因緣)은 이곳에 있지 않으니, 마조 대사가 있는 곳으로 가거라."

약산은 석두가 시키는 대로 마조를 찾아가 공손히 절하고 석두에게 물었던 질문을 다시 꺼내자, 마조가 말했다.

"나는 어떤 때에는 그에게 눈썹을 치켜 올리고 눈을 깜빡이도록 시키고, 어떤 때에는 그에게 눈썹을 치켜 올리고 눈을 깜빡이도록 시키지 않는다. 어떤 때에는 눈썹을 치켜 올리고 눈을 깜빡이는 것이 옳고, 어떤 때에는 눈썹을 치켜 올리고 눈을 깜빡이는 것이 옳지 않다. 그대는 어떻게 하겠는가?"6)

약산이 말을 듣자마자 깨닫고는 곧 절을 올리니, 마조가 말했다.

"그대는 무슨 도리(道理)를 보았기에 절을 하는가?"

약산이 말했다.

"제가 석두에서는 마치 모기가 쇠로 만든 소 위에 앉은 것과 같았습니다."

"그대가 이미 그러하다면, 잘 지켜 가지고 있어라."

藥山惟儼禪師 初參石頭 便問 三乘十二分敎 某甲粗知 常聞南方直指人心見性成佛 實未明了 伏望和尙慈悲指示 頭曰 恁麽也不得 不恁麽也不得 恁麽不恁麽總不得 子作麽生 山罔措 頭曰 子因緣不在此 且往馬大師處去 山稟命 恭禮祖 仍伸前問 祖曰 我有時敎伊揚眉瞬目 有時不敎伊揚眉瞬目 有時揚眉瞬目者是 有時揚眉瞬目者不是 子作麽生 山於言下契悟 便禮拜 祖曰 儞見甚麽道理便禮拜 山曰 某甲在石頭處 如蚊子上鐵牛 祖曰

汝旣如是 善自護持

| 도움말 |

눈앞에서 허공을 마주해라.

그러면 바로 쉬어서 안정된다.

눈앞의 허공에서 밝게 깨어 있어라.

그러면 본래 아무 일이 없을 것이다.

도(道)가 무엇인가?

팔을 굽히고 펴는 것이다.

마음이 무엇인가?

무릎을 손으로 두드려 보라.

---

1 약산유엄(藥山惟儼; 745-828)　당대(唐代) 선승. 약산(藥山)은 머물렀던 산 이름. 속성은 한(韓)씨. 산서성 강주(絳州) 신강현(新絳縣) 출신으로서, 17세에 광동성(廣東省) 조안현(潮安縣) 조주(潮州)의 서산(西山)에 있는 혜조(慧照) 선사에게 출가하여, 29세에 형악사(衡嶽寺) 희조(希澡) 율사에게서 구족계(具足戒)를 받았다. 그 뒤 석두희천을 찾아가 그 문하에서 공부하여 깨달음을 얻고는 석두의 법을 이었다. 석두의 곁에서 13년 동안 시봉하다가 호남성(湖南省) 풍

양(澧陽)의 약산(藥山)으로 들어가 촌장(村長)이 준 외양간에서 머물렀다. 시호는 홍도대사(弘道大師). 약산유엄은 석두 문하에서 공부하여 그 법을 이었는데, 여기 『마조어록』에서 소개되는 이야기를 보면 마치 마조 문하에서 깨닫고 마조를 시봉한 것처럼 되어 있다. 이 이야기에는 편집자의 오류가 있는 것으로 판단된다.

2 삼승십이분교(三乘十二分敎) 삼승은 성문승(聲聞乘)·연각승(緣覺乘)·보살승(菩薩乘)으로서 소승불교와 대승불교를 통틀어 가리킨다. 십이분교는 대소승의 경전을 형식과 내용에 따라 12종류로 분류한 것으로, 십이부경(十二部經)이라고도 한다.

3 남방(南方) 육조혜능이 남쪽의 광동 지방에서 활동하였으므로, 육조의 선(禪)을 남종돈교(南宗頓敎) 혹은 남종선(南宗禪)이라 한다. 중앙의 황도(皇都)에서 활동한 대통신수(大通神秀)의 북종선(北宗禪)과 대비되는 말이다.

4 직지인심(直指人心)과 견성성불(見性成佛) 조사선의 특징을 잘 나타내는 문구. 조사선의 특징을 긴닫히 요약하면, 문자(文字)를 수단으로 삼지 않고〔불립문자(不立文字)〕, 가르침의 말씀 밖에서 따로 진리를 전하니〔교외별전(敎外別傳)〕, 마음을 가지고 마음을 직접 전하는 것이라〔이심전심(以心傳心)〕, 마음을 바로 가리켜서〔직지인심(直指人心)〕, 마음의 본성을 보아 깨닫게 한다〔견성성불(見性成佛)〕는 것이다. 조사선 이전까지의 불교는 문자언어를 달을 가리키는 손가락으로 삼아 문자언어인 경전을 방편(方便)으로 하여 불교의 진리를 전하였는데, 조사선은 애초에 방편을 세우지 아니하고 이

자리에서 바로 즉각 진리인 마음을 가리켜 깨닫게 만드는 것이다. 경전을 통한 방편의 불교가 둘러 가는 먼 길이라면, 조사선은 질러 가는 지름길이다.

5 사구(四句)를 허용하지 않는다면 어떤가? 즉, 어떤 분별도 허용하지 않는다면 어떤가? 어떤 판단도 허용하지 않으면 어떤가? 말을 해도 안 되고 침묵을 지켜도 안 된다면 어떤가? 선(善)도 생각하지 않고 악(惡)도 생각하지 않을 때 그대의 본래면목은 어디에 있는가?(『육조단경』) 밖으로 나가도 안 되고 안으로 들어가도 안 되고 그 자리에 머물러도 안 된다면 어떤가?

6 눈썹을 치켜 올리고 눈을 깜빡이는 모습을 따라가면 경계에 속하는 것이다. 눈썹을 치켜 올리고 눈을 깜빡이는 모습을 따라가지 않으면, 눈썹을 치켜 올리고 눈을 깜빡이는 것이 바로 마음이다. 그러나 눈썹을 치켜 올리고 눈을 깜빡이는 것이 바로 마음이라고 생각하면 그 즉시 망상(妄想)에 떨어진다. 자, 여기서 어떻게 해야 할까?

32. 오직 하나의 진실

약산이 마조를 곁에서 모시고 지내기를 3년이 지났는데, 하루는 마조가 물었다.
"그대는 요즈음 견처(見處)[1]가 어떤가?"
"피부가 다 떨어져 나가고 오직 하나의 진실이 있을 뿐입니다."
"그대가 얻은 것은 마음의 본체에 합하고 사지(四肢)에 두루 퍼졌다고 할 만하다. 이미 그러하다면, 세 갈래 대테를 가지고 아랫배를 묶고[2] 발길 닿는 곳에 절을 세워 머물러야 한다."
약산이 말했다.
"제가 어떤 사람이기에, 감히 절을 세워 머문다고 하겠습니까?"
마조가 말했다.
"그렇지 않다. 늘 다니기만 하고 머물지 않을 수도 없는 것이고, 늘 머물기만 하고 다니지 않을 수도 없는 것이다. 이익을 얻으

만남의 인연

려 하면 이익이 없고, 억지로 하려고 하면 되는 일이 없다. 마땅히 타고 항해할 배를 만들어야 하니, 이곳에 오래 머물지 말라."

약산은 이에 마조에게 작별을 고했다.[3]

侍奉三年 一日祖問之曰 子近日見處作麼生 山曰 皮膚脫落盡 唯有一眞實 祖曰 子之所得 可謂協於心體 布於四肢 旣然如是 將三條篾來 束取肚皮 隨處住山去 山曰 某甲又是何人 敢言住 山 祖曰 不然 未有常行而不住 未有常住而不行 欲益無所益 欲 爲無所爲 宜作舟航 無久住此 山乃辭祖

| 도움말 |

마음에 통달하고 난 뒤, 시간이 지날수록 마음에는 더욱 익숙하게 되고, 옛날의 망상하던 습성은 더욱 줄어들어서, 갈수록 더 순일하게 되고 더 또렷하게 된다. 어디가 또렷한 곳인가? 바로 지금 생각하는 그곳이다.

---

1 견처(見處)   직접 체험한 깨달음.
2 세 갈래 대테를 가지고 아랫배를 묶는다는 것은, 옷차림을 단속하여 일하는 자세를 갖추는 것이다.

3 31, 32 약산과 마조의 대화는 『종문통요』 제3권 '마조', 제7권 '희천', 『연등회요』 제19권 '약산', 『정법안장(正法眼藏)』 제4권, 『원오어록(圓悟語錄)』 제13권, 『대혜어록(大慧語錄)』 제22권, 제23권 등 여러 곳에 나타나고 있으나, 모두 12세기 이후에 편찬된 책들이다.

33. 단하천연

단하천연(丹霞天然)¹⁾ 선사가 다시 마조를 찾아왔을 때, 아직 만나서 절도 하기 전에 곧장 승당(僧堂) 안으로 들어가 성승(聖僧)²⁾의 목 위에 올라앉았다. 그때 대중들이 놀라서 곧 마조에게 알리니, 마조가 몸소 승당으로 들어와 보고는 말했다.

"내 아들이 천연(天然)하구나."

단하는 곧 땅으로 내려와 절을 하고는 말했다.

"스님께서 법호(法號)³⁾를 내려 주시니 감사합니다."

이로 말미암아 천연이라 부르게 되었다.⁴⁾

丹霞天然禪師再參祖 未參禮 便入僧堂內 騎聖僧頸而坐 時大衆驚愕 遽報祖 祖躬入堂視之曰 我子天然 霞卽下地 禮拜曰 謝師賜法號 因名天然

| 도움말 |

조각한 모습에는 성승이 없다.
성승(聖僧)이 어디에 있는가?
올라가고 내려가는 여기에 있네.

---

1 **단하천연(丹霞天然; 739-824)** 당대(唐代) 선승. 단하(丹霞)는 머물렀던 산 이름. 일찍이 유학(儒學)을 배우고 과거 시험에 응시하기 위하여 방거사(龐居士)와 함께 장안(長安)으로 가던 중, 한 선승으로부터 관리가 되는 과거보다는 부처가 되는 과거가 더 훌륭하다는 이야기를 듣고, 발길을 돌려서 마조도일을 찾아본 뒤에 마조의 권유로 석두희천을 찾아가 그곳에서 사찰의 부엌일 등 잡일을 도우며 3년을 지내고서 비로소 머리를 깎았다. 악사(岳寺)의 희(希) 율사에게서 구족계를 받은 뒤에 다시 마조의 회상으로 돌아가 공부하였다. 여기에 마조가 천연(天然)이라고 말하는 장면은 단하가 석두의 문하에 있다가 다시 마조를 찾아왔을 때에 일어난 이야기이다. 그 뒤 행각하면서 낙경(洛京)의 혜충국사(慧忠國師)를 찾아보고, 천태산(天台山)의 화정봉(華頂峰)에 3년을 머문 뒤, 경산도흠(徑山道欽)을 찾아보고 다시 낙양으로 가서 용문(龍門)의 향산(香山)에서 복우자재(伏牛自在)와 사귀었다. 원화(元和) 15년(820) 하남성(河南省) 남양(南陽)의 단하산(丹霞山)으로 가 선원(禪院)을 세웠는데, 3백여 명의 학인들이 모여들었다. 시호는 지통선사(智通禪師).

2 성승(聖僧)　승당(僧堂)의 중앙에 안치해 놓은 보살상. 『선림상기전(禪林象器箋)』 제3권 영상류(靈像類)에 이르기를 "승당의 중앙에 시설해 놓은 모든 상(像)을 총칭하여 성승(聖僧)이라고 한다. 그 상은 일정하지 않다. 대승의 사찰에는 문수보살을 모시고, 소승의 사찰에는 교진여 혹은 빈두로파라타의 상을 안치하며, 대가섭 혹은 수보리를 안치한 곳도 있다. 선종(禪宗)의 사찰에서는 대소승에 구애받지 않고 통용하고 있다."라 하고 있다.

3 법호(法號)　불교에 입문하여 스승으로부터 받는 이름. 법명(法名), 법휘(法諱), 계명(戒名)이라고도 한다.

4 『조당집』 제4권, 『전등록』 제14권, 『연등회요』 제19권 '단하'에 같은 내용이 실려 있다. 『조당집』의 경우는 내용에 약간의 차이가 있다.

34. 부처의 지견知見

담주혜랑¹⁾ 선사가 처음 마조를 찾아왔을 때, 마조가 물었다.
"그대는 무엇을 찾으러 왔는가?"
"부처의 지견(知見)²⁾을 찾으러 왔습니다."
"부처에게는 지견이 없다. 지견이 있으면 바로 마구니³⁾일 뿐이다. 그대는 어디에서 왔는가?"
"남악(南嶽)⁴⁾에서 왔습니다."
"그대는 남악에서 왔는데도 아직 조계(曹溪)⁵⁾의 심요(心要)⁶⁾를 알지 못하는구나. 그대는 얼른 그곳으로 돌아가라.⁷⁾ 다른 곳으로 가서는 안 된다."⁸⁾

潭州慧朗禪師初參祖 祖問 汝來何求 曰 求佛知見 祖曰 佛無知見 知見乃魔耳 汝自何來 曰 南嶽來 曰 汝從南嶽來 未識曹溪

心要 汝速歸彼 不宜他往

| 도움말 |

번개가 치면 그 순간일 뿐이다.
번개가 지나간 뒤 눈앞에 남은 잔상은 헛된 것이다.
번개가 지나간 뒤 기억에 남은 그림은 헛된 것이다.
번개가 치면 그 순간일 뿐이듯이,
마음도 앞뒤가 없고 좌우가 없다.
생각으로 헤아리고 지견으로 아는 것은 모두가 헛된 것이다.

---

1 **담주혜랑**(潭州慧朗; 738-820)   속성은 구양(歐陽). 광동성 소주(韶州) 곡강현(曲江縣) 출신이다. 13세에 등림사(鄧林寺)의 모(模) 선사에게 출가하여, 20세에 악사(岳寺)에서 계를 받았다. 이어서 건주(虔州)의 공공산(龔公山)에 있던 마조를 찾아가 여기의 문답이 이루어졌다. 뒤에 마조의 권유로 석두를 찾아가 공부하여 깨달음을 얻었다. 그 뒤 호남성 장사현(長沙縣)에 있는 초제사(招提寺)로 들어가 30여 년을 머물렀다. 그 때문에 초제랑(招提郞)이라 불리기도 한다.

2 **지견**(知見)   알고 있는 견해(見解). 지식, 생각.

3 **마구니**   마귀(魔鬼).

4 **남악**(南嶽)   호남성(湖南省) 형주(衡州) 형산현(衡山縣)에 있는 산. 본

래는 형산(衡山)이라고 하였는데, 수(隋)의 문제(文帝) 이래로 남악(南嶽)이라고 불렀다. 이 산에는 남악회양(南嶽懷讓)이 머물렀던 반야사(般若寺)를 비롯하여 축성사(祝聖寺), 복엄사(福嚴寺) 등의 절이 있다. 마조는 복엄사에 소속된 전법원(傳法院)에서 좌선에 몰두하다가, 남악회양의 깨우침을 받고 도를 깨달았다. 전법원에는 남악회양이 마조를 교화하기 위하여 벽돌을 갈았다는 마경대(磨鏡臺)가 남아 있다.

5 조계(曹溪) 조계는 곧 육조혜능(六祖慧能)을 가리킨다. 육조혜능은 광동성(廣東省) 소주(韶州)의 조계(曹溪)에 있는 보림사(寶林寺)에 머물면서 교화 활동을 전개하였으므로, 조계고불(曹溪古佛) 혹은 조계고조(曹溪高祖)라고 존칭한다.

6 심요(心要) 중심이 되는 요체. 핵심. 정수. 알맹이.

7 남악에서 왔는데도 조계의 심요를 알지 못한다고 힐난하는 것은, 남악회양이 곧 조계육조혜능의 법을 이어받았고, 마조 역시 남악회양을 통하여 혜능의 법을 이었으므로, 남악은 곧 조계의 심요를 가리키는 말이다. 이 승려는 남악을 단순히 지명으로만 언급하고 있지만, 마조는 도리어 남악을 조계의 심요, 즉 선종(禪宗)의 종지(宗旨)인 심법(心法)으로 언급하고 있는 것이다. 그러므로 다른 곳으로 가지 말고 그곳으로 돌아가라는 것은 남악이라는 지역으로 돌아가라는 말이 아니라, 망상 속에서 헤매지 말고 심법을 깨달으라는 말이다.

8 『조당집』 제4권, 『전등록』 제14권, 『연등회요』 제19권 '혜랑'에 같은 내용이 실려 있다.

35. 동호東湖의 물

마조가 어떤 승려에게 물었다.

"어디에서 오는가?"

"호남(湖南)에서 옵니다."

"동호(東湖)[1]에는 물이 가득하던가?"

"아직 가득 차지 않았습니다."

"그렇게 자주 비[2]가 내렸는데도 아직 가득 차지 않았더냐?"

(도오(道吾)[3]가 말했다. "가득합니다." 운암(雲岩)[4]이 말했다. "깊고 가득합니다."[5] 동산(洞山)[6]이 말했다. "어느 때에 부족한 적이 있었습니까?")[7]

祖問僧 什麼處來 云湖南來 祖云 東湖水滿也未 云未 祖云 許多時雨水尙未滿【道吾云 滿也 雲岩云 湛湛地 洞山云 甚麼劫中曾欠少】

| 도움말 |

지금 여기에 물결이 찰랑찰랑합니다.

---

1 동호(東湖) 호남성(湖南省)에 있는 동정호(洞庭湖).

2 비 자기의 마음을 깨우쳐 주는 자비로운 법문(法門)의 비.

3 도오(道吾) 천황도오(天皇道悟; 748-807). 처음에 경산도흠(徑山道欽)에게 가서 배우고, 건중(建中; 780-783) 초에 강서성(江西省) 종릉(鐘陵)으로 가서 마조도일(馬祖道一)에게 배우고, 뒤에 석두희천(石頭希遷)을 찾아가서 그의 법을 이어받았다. 그 뒤 형주성(荊州城) 동쪽 천황사(天皇寺)로 가서 머물며 교화하였다.

4 운암(雲岩) 운암담성(雲巖曇晟; 782-842). 처음에는 백장회해(百丈懷海) 밑에서 몇 년을 공부하였으나, 뒤에 약산유엄(藥山惟儼)의 법을 이어받았다. 호남성 담주(潭州)의 운암산(雲巖山)에 머물면서 종풍(宗風)을 크게 날렸다. 제자보는 소동종(曹洞宗)의 개소인 동산양개(洞山良价)가 있다.

5 담담(湛湛) ①이슬이 흠뻑 내린 모양. ②깊고 두터운 모양. 짙은 모양. ③많이 모인 모양. ④물이 깊은 모양.

6 동산(洞山) 동산양개(洞山良价; 807-869). 남전보원(南泉普願)과 위산영우(潙山靈祐)를 찾아가 공부하고, 다시 운암담성(雲巖曇晟)에게서 공부하여 크게 깨닫고는 운암담성의 법을 이어받았다. 광동(廣東)의 신풍산(新豊山)과 강서(江西) 동산(洞山)의 보리원(普利院)

에 머물면서 선풍(禪風)을 고취하였다. 문하에 운거도응(雲居道膺), 조산본적(曹山本寂), 소산광인(疎山匡仁) 등이 있고, 후에 조산(曹山)과 동산(洞山)이 연칭되어 당대(唐代) 선종오가(禪宗五家)의 하나인 조동종(曺洞宗)의 개조(開祖)로 추앙되었다.

7 『조당집』제14권, 『천성광등록』제8권, '마조', 『연등회요』제19권 '약산', 『동산록(洞山錄)』 등에 같은 내용이 실려 있다.

부록

1. 마조의 생애
2. 마조선(馬祖禪) 해설
3. 마조를 전후한 선종 법계보
4. 중국 선종 연보
5. 중국 선종 지도

1. 마조의 생애

　마조도일(馬祖道一; 709-788)은 어려서 한주(漢州)에 있는 나한사(羅漢寺)로 입산했다가, 자주(資州: 四川省)의 처적(處寂) 밑으로 출가했으며, 뒤에 유주(渝州: 四川省)의 원율사(圓律師)에게서 구족계를 받았다. 그 후 익주(益州: 四川省) 장송산(長松山)과 형남(荊南: 湖北省) 명월산(明月山) 등지에서 수행하던 중, 남악(南嶽: 湖南省)에 육조혜능(六祖慧能)의 법사(法嗣)인 회양(懷讓)이 수도(修道)하고 있다는 말을 듣고 찾아가 만났으며, 이른바 '남악마전(南嶽磨磚)'의 사건을 통하여 심인(心印)을 얻었다.

　천보(天寶) 원년(742) 건양(建陽: 福建省)의 불적암(佛跡巖: 佛跡嶺)에서 개법(開法)하고, 다시 남강(南康: 江西省) 파양호(鄱陽湖) 북안(北岸)의 신개사(新開寺)・무주(撫州: 江西省) 서리산(西裏山)・건주(虔州: 江西省) 공공산(龔公山) 등지에 머물렀고, 대력(大曆) 4년(769)에는 종릉(鐘陵: 江西省) 개원사(開元寺: 일명 佑淸寺)

에 주석하며 이곳을 중심으로 종풍(宗風)을 폈다. 만년에는 늑담(泐潭: 江西省 靖安縣) 석문산(石門山) 보봉사(寶峰寺)에 머물러 생애를 마칠 땅으로 정하고, 정원(貞元) 4년 2월 1일 세수(世壽) 80으로 시적(示寂)했다. 문인(門人) 권덕여(權德輿)가 「당고홍주개원사석문도일선사탑명병서(唐故洪州開元寺石門道一禪師塔銘幷序)」를 찬(撰)하고 석문산(石門山)에 탑을 세웠다. 원화(元和) 연간(年間 806-820)에 헌종(憲宗)이 대적선사(大寂禪師)라는 시호(諡號)를 추증(追贈)하였다. 『마조도일선사어록(馬祖道一禪師語錄)』 1권이 있다.

마조는 강서(江西)를 중심으로 교화(敎化)를 행하였고, 호남(湖南)의 석두희천(石頭希遷)과 더불어 선계(禪界)의 쌍벽(雙璧)으로 불렸다. 휘하에 백장회해(百丈懷海)·서당지장(西堂智藏)·남전보원(南泉普願)·염관제안(塩官齊安)·대매법상(大梅法常)·귀종지상(歸宗智常)·분주무업(汾州無業) 등 130여 명을 배출하여 남악(南嶽)의 문하(門下)는 천하를 풍미하기에 이르렀다. 또 마조를 비롯한 그의 문인(門人)들에게는 다수의 어록이 있어서 후세에 방대한 선종어록(禪宗語錄)이 출현하게 된 계기도 되었다.

| 마조에 관한 기록이 남아 있는 문헌 |

『전당문(全唐文)』 501, 塔銘. 『전당문(全唐文)』 780, 唐梓州慧義精舍南禪院四證堂碑銘. 『원각경대소초(圓覺經大疏鈔)』 3, 下. 『조

당집(祖堂集)』14.『송고승전(宋高僧傳)』10.『경덕전등록(景德傳燈錄)』6.『천성광등록(天聖廣燈錄)』8.『속등록(續燈錄)』1.『연등회요(聯燈會要)』4.『오등회원(五燈會元)』3.『불조역대통재(佛祖歷代通載)』14.『석씨계고략(釋氏稽古略)』3.『사가어록(四家語錄)』「馬祖錄」.

2. 마조선馬祖禪 해설

(1) 이 마음이 곧 부처이다

「마조어록」의 시중(示衆) 맨 처음에서 마조는 우리들 각자의 '이 마음이 바로 부처'라고 천명한다.

그대들 모두는 각자 자기의 마음이 곧 부처임[自心是佛]을 믿어라. 이 마음이 바로 부처이다[此心卽佛]. 달마대사가 인도에서 중국으로 건너와 상승(上乘)인 일심법(一心法)을 전한 것은 그대들로 하여금 깨닫게 하려는 것이었다. 그리하여 『능가경(楞伽經)』을 인용하여 중생의 마음바탕[心地]을 확인(印)해 주었으니, 그대들이 거꾸로 알아 이 일심법이 각자에게 있음을 믿지 않을까 염려하였던 때문이다. 그러므로 『능가경』에서는, "부처님 말씀은 마음[心]으로 종(宗)을 삼고, 문 없음[無門]으로 법의 문(法門)을 삼는다."라고 하였다.

마조는 우선 우리들 각자가 자기의 이 마음이 바로 부처임을 믿어야 한다고 강조한다. 그리고 그 근거로서 중국 선종의 초조(初祖) 달마가 일심법(一心法)을 전하여 이 마음이 바로 부처임을 깨닫도록 하였으며, 『능가경』을 인용하여 부처의 가르침은 마음(心)을 근본(宗)으로 삼고 있음을 밝힌다. 이렇게 보면, 마조가 가르치고자 하는 가장 기본적인 것은, '이 마음이 바로 부처이다.'라는 사실이다. 현재의 이 마음이 바로 부처이기 때문에 현재의 이 마음을 떠나 따로 부처의 경지로 들어갈 수는 없다. 따라서 부처의 경지로 들어가는 가르침의 문(法門)은 따로 있지 않다. 그래서 '문 없음으로 진리의 문을 삼는다.'(無門爲法門)라 하는 것이다. 그러므로 마조는 바로 뒤에 다음과 같이 말하고 있다.

진리(法)를 찾는 자라면 마땅히 찾는 것이 없어야 하니, 마음 밖에 따로 부처가 없으며, 부처 밖에 따로 마음이 없기 때문이다.

진리(法)를 깨달아 찾은 이가 바로 부처이다. 그런데 부처는 바로 현재의 우리의 이 마음이다. 바로 현재의 우리의 이 마음이 진리를 이미 찾은 부처이기 때문에 따로 찾아야 할 진리가 없다.

그러므로 진리(法)를 찾는 자는 찾는 것이 없어야 한다. 다시 말하면, 부처가 되려는 자는 부처가 되려 하지 말아야 한다. 즉, 현재 이미 부처이므로 다시 부처가 되고자 할 것이 없다. 만약 다시 부처가 되고자 하면, 오히려 이 욕심이 본래 부처인 자신을 잊게 만들어 스스로 괴로움을 불러온다.

(2) 삼계(三界)는 마음이다

그러면 우리의 이 마음이 진리를 이미 찾은 부처라는 것은 무슨 뜻인가? 그 다음의 마조의 말을 들어보자.

그러므로 삼계(三界)가 오직 마음일 뿐[三界唯心]이며, 삼라만상이 한 법(法)에서 나온[印] 것이다. 눈에 보이는 일체의 모습은 모두 마음이 드러나 보이는 것이다. 마음 그 자체는 마음이라고 할 만한 것도 없지만, 눈에 보이는 것으로 인하여 마음이 있다고 하는 것이다. 그러므로 그대들이 때때로 사실을 말하고 이치를 말하더라도 아무 장애될 것이 없다. 깨달음의 경지도 역시 이와 같은 것이다. 마음에서 생겨난 것을 일러 모습[色]이라 하므로, 모습은 텅 빈[空] 것이기 때문에 생겨나는 것은 곧 생겨나지 않는 것임을 안다. 이 뜻을 확실히 안다면 그때

그때 옷 입고 밥 먹으면서 부처될 씨앗(聖胎)을 길러 내며 자유롭게 시간을 보내는 것 외에 또 무슨 일이 있겠는가.

불교에서는 중생(衆生)이 윤회하며 살아가는 세계(世界)가 욕계(欲界)·색계(色界)·무색계(無色界)의 3가지 세계 즉 삼계(三界)로 되어 있다고 한다. 그런데 중생이 살아가는 장소인 이 삼계가 바로 마음이라는 것이다. 물론 삼라만상은 모두 마음이 나타내는 것이라는 삼계유심(三界唯心) 사상은 선종에 독특한 것이 아니라, 불교 본래의 가장 기본적인 입장을 나타내는 것이다. 마조의 가르침은 이 세계가 단지 마음일 뿐이며, 삼라만상은 마음이라는 한 법(法)이 찍어낸다(印)는 것이다. 그래서 눈에 보이는 모든 것은 전부 마음이 드러나 보이는 것이다. 한편, 눈에 보이는 것들 즉 경험되는 것들 이외에 따로 마음이라고 할 만한 것이 있느냐 하면, 그런 것은 없다. 말하자면 마음은 그 자체가 어떤 대상으로서 드러나는 것은 아니라는 것이다. 마음은 마음으로 인하여 드러나는 모습의 세계 즉 대상 세계에 의하여 그 모습 없는 존재에 마음이라는 이름이 붙는 것이다. 본래 모습이 없는 것이기 때문에 마음은 비었다(空)라고도 한다.

그런데 마음에 의하여 생겨나는 대상 세계와는 달리 마음 그 자체는 모습이 없으므로 생겨나지도 없어지지도 않는다. 다시 말하여 공(空)한 마음(心)은 불생불멸(不生不滅)인 것이다. 그리고 근본인 마음이 본래 공(空)하여 불생불멸이므로, 그러한 마음에 의하여 생겨나는 대상 세계도 역시 그 본질은 공(空)하고 불생불멸하다.

　대상 세계가 마음에 의하여 만들어지고, 마음이 공(空)하므로 대상 세계도 공(空)하여 불생불멸한다는 이러한 견해는 깨달음을 얻기 이전의 범부로서는 이해가 되지 않는 것이다. 범부는 늘 생멸(生滅)하는 것으로 경험되는 대상 세계와 더불어 생멸하는 의식(意識)으로 가득 차 있어서 마음이 평화롭게 안정되어 있지 않다. 출가하여 불교를 공부하는 목적은 바로 이 생멸심(生滅心) 즉 생사심(生死心)을 타파하여 마음에 평화를 얻는 것이다. 그리하여 대상 세계가 마음에 의하여 만들어지고, 마음이 공(空)하므로 대상 세계도 공(空)하여 불생불멸한다는 진리를 깨달아 확신할 때 비로소 출가자의 목적인 생사심의 타파는 이루어지는 것이다.

　이와 같이 깨달아 생사심을 타파하고 나면, 이제는 삼라만상과 일거수일투족이 모두 마음의 일로서 공(空)하여 불생불멸하다는 사실을 알고 있으므로 더 이상 아무 번뇌가 없이 평화롭고 아무 걸림이 없이 자유롭게 지낸다는 것이다. 이것이 바로 해탈한 자의 삶이요, 부처의 삶이다. 이렇게 자유롭게 지내더라도 이미 마음과 대상 세계의 본질을 알았으므로 항상 부처의 씨앗을 기르는 삶이다.

　그러면 어떻게 공부해야 이러한 도(道)를 깨닫게 되는가, 이것이 문제이다. 여기에 대한 마조의 가르침을 다음 절에서 알아보자.

(3) 도(道)는 닦을 것이 없다

어떻게 도를 닦아야 하는가〔如何是修道〕라는 어떤 중의 물음에 마조는 다음과 같이 대답한다.

> 도(道)는 닦는 데에 속하지 않는다. 닦아서 얻는다고 한다면, 닦아서 이루어지는 것은 다시 부서져 버리므로 곧 성문(聲聞)과 같다. 닦지 않는다고 한다면 곧 범부(凡夫)와 같다.

도는 닦는 것이 아니다. 그 이유는 만약 닦아서 도(道)를 얻는다면, 닦아서 이루어지는 것은 반드시 다시 부서져 버리므로 그렇게 얻은 도는 영원불변한 참된 도가 아니라는 것이다. 그렇다고 가만히 있으면 범부일 뿐이므로 생사(生死)로 윤회하는 세계에서 고통 받으며 살게 된다. 그렇다면 도는 닦을 수도 없고 닦지 않을 수도 없으니, 어떻게 해야 도를 깨달을 수 있는가라는 그 중의 물음에 마조는 다시 다음과 같이 답한다.

> 스스로의 성품〔自性〕이 본래 완전하니, 좋다 나쁘다 하는 일

에 머물지만 않으면 도 닦는 사람[修道人]이라고 말한다. 그러나 좋은 것은 취하고 나쁜 것은 버리며, 공(空)을 관찰하여 선정(禪定)에 들어가는 것 등은 곧 조작(造作)하는 것이다. 게다가 밖으로 치달아 구하면 더욱더 멀어질 뿐이다. 다만 삼계(三界)를 마음으로 헤아리는 일만 없도록 하라. 한 생각에 마음을 망령되이 가지면 곧 삼계에서 생사윤회하는 뿌리가 되니, 한 생각이 없기만 하면 곧 생사의 뿌리가 없어지며 부처님[法王]의 위없는 진귀한 보배를 얻게 될 것이다.

자성(自性)은 곧 스스로의 본래 성품이다. 본래의 성품이 완전하다는 것은 바로 앞에서 마조가 말했던 '이 마음이 곧 부처'라는 의미이다. 현재의 이 마음은 본래 완전한 부처이다. 그러므로 따로 닦아서 이룰 부처의 도(道)가 없다. 따라서 불법(佛法)을 찾는 자는 마땅히 찾는 것이 없어야 한다고 하였고, 불도(佛道)는 닦는 데 속하지 않는다고 한 것이다. 그렇지만 도를 닦지 않고 가만히 있어서는 범부를 벗어나지 못한다고 하니, 어떻게 하여야 하는가? 참으로 도를 닦는 사람은 좋다 나쁘다 하는 것에 머물지 않는 사람이다. 다시 말하면 도를 닦는다고 하는 말의 참된 의미는, 닦아서 부족한 무엇을 보충한다는 말이 아니라, 어느 곳에도 치우쳐 머물지 않음으로써 본래 완전한 자성(自性)을 왜곡시키지 않는다는 것이다.

흔히 도를 닦는다고 하면, 현재의 자신이 잘못되어 있다고 여기고서 어떤 조작을 통하여 그 잘못됨을 바로잡으려 하거나, 현재의 자신이 부족하다고 여기고서 밖에서 무엇을 얻어서 부족한 자신을 보충하려고 한다. 그러나 마조의 주장은 이러한 행위가 도를 닦는 것으로는 틀렸다는 것이다. 자신은 본래 조금도 잘못되거나 부족함이 없는 완전한 존재이다. 오히려 어리석음은 바로 이러한 자기 본래의 완전함을 알지 못하고 믿지 않는 데 있다. 그리하여 마조는 좋고 나쁨을 취사선택하거나 공(空)을 관(觀)하여 선정에 드는 등의 조작을 하지 말고, 밖을 향하여 찾지도 말아야 한다고 역설하는 것이다.

　취사선택하거나 밖으로 향하여 찾는 것은 결국 마음으로써 대상(境界)을 헤아려 보는 것이다. 대상 경계를 마음으로 헤아려 취사선택하는 것이 왜 잘못인가? 앞에서 보았듯이 삼계는 모두 마음의 소산이며, 마음은 곧 완전한 부처이다. 따라서 완전한 부처인 마음이 만드는 삼계는 모두 평등하여 어느 것은 취하고 어느 것은 버리고 할 수 없는 것이다. 더구나 공(空)한 마음이 만드는 삼계 역시 공(空)하다고 하였으니, 취하거나 버릴 실재적인 그 무엇도 없다. 그러므로 취하고 버린다 하더라도 모두가 헛된 짓을 하고 있는 것이다. 그리하여 마조는 다음과 같이 말한다.

　불법을 구하는 자는 마땅히 구하는 것이 없어야 한다. 왜냐

하면 마음 밖에 따로 부처가 없고, 부처 밖에 따로 마음이 없기 때문이다. 그러므로 좋다고 취하지도 말고 나쁘다고 버리지도 말며, 깨끗함과 더러움 어느 쪽에도 믿고 의지하지 않아야 한다. 죄의 성품이 비었음(空)을 알게 되면 생각 생각 어디에서도 죄를 찾을 수 없으니, 그 성품(自性)이 없기 때문이다. 그러므로 삼계는 오직 마음일 뿐이고, 삼라만상은 한 법이 찍어내는 것이니, 보이는 것들은 모두가 마음이 드러나 보이는 것이다.

이처럼 완전한 부처인 마음이 전개된 삼계에서 어느 것은 버리고 어느 것은 취하고 하는 것은 오히려 마음을 왜곡하는 잘못이며, 공(空)한 마음이 전개된 삼계 역시 공(空)하므로 실로 취하고 버릴 것이 없는데도 취하고 버린다면 이것은 스스로 속는 것이다. 따라서 이와 같이 헤아려 취사선택하는 생각이 없는 것이 바로 본래 완전한 부처인 자신의 마음을 온전히 깨닫는 길이다. 결국 깨달음이란 조작하거나 취사선택하거나 찾는 노력을 하지 않을 때 얻어지는 것이며, 이와 같은 노력을 하지 않는 것이 바로 참된 수행(修行)이다. 깨달은 자 즉 부처는 이러한 노력을 하지 않고 일 없이 편안히 있으며, 범부는 이러한 노력을 하느라고 항상 분주하다.

마음〔心〕과 경계〔境〕를 깨달으면 망상이 발생하지 않으며, 망상이 발생하지 않게 되면 이것이 바로 무생법인(無生法忍)이다. 무생법인은 본래부터 있었고 지금도 있어서 도를 닦고 좌선을 하여서 얻는 것이 아니다. 도를 닦지도 않고 좌선을 하지도 않는 이것이 바로 여래의 청정선(淸淨禪)이다.

범부의 마음은 경계를 쫓아다니며 취사선택하느라고 분주하지만, 마음이니 경계니 하는 것은 본래 하나의 근원에서 비롯된 것으로 이름뿐이고 성품은 공한 것이라는 것을 깨달으면, 더 이상 이러한 분주한 망상은 없다. 이처럼 망상이 없고 생멸이 없는 것을 무생법인(無生法忍)이라 하는데, 이 무생법인은 원래 범부에게 갖추어져 있는 것이다. 그러므로 이 무생법인이라는 도(道)를 닦느라고 좌선(坐禪)할 필요는 없는 것이다.

(4) 평상심(平常心)이 도이다

마조는 또 '평상의 마음이 바로 도'〔平常心是道〕라고 한다. 도(道)란 물론 불도(佛道) 즉 부처의 진리를 말한다. '평상의 마음이 바로 부처의 도'라는 것은 앞에서 마조가 말한 '이 마음이 바로 부처'라는 말을 달리 표현한 것이다. '이 마음이 바로 부처'라고 할 때의 이 마음은 곧 평상의 마음이라는 말이다. 그러면 어떤 것이 평상의 마음 곧 평상심(平常心)인가?

도는 닦을 필요가 없다. 다만 오염(汚染)시키지만 말라. 무엇이 오염시키는 것인가? 생사심(生死心)을 가지고 조작하고 찾아가는 것이 모두 오염시키는 것이다. 곧바로 도를 알고자 한다면, 평상심(平常心)이 바로 도이다. 무엇을 평상심이라 하는가? 조작하지 않고, 옳고 그름을 따지지 않으며, 취하거나 버림도 없고, 단절되거나 영원한 것도 아니며, 범속하거나 성스러움도 없는 마음이다. 경에서 말하기를, "범부의 행위도 아니고 성현의 행위도 아닌 것이 바로 보살의 행위이다."라 하였다. 지금 가고 머물고 앉고 누우며 작용에 응하고 사물을 접하는 것이 모두 도이다. 도는 곧 법계이니, 강바닥의 모래알처럼 많은 작용들이 모두 법계를 벗어나지 않는다. 만약 그렇지 않다면 무엇 때문에 심지법문을 말하고 무진등(無盡燈)을 말하겠는가? 일체의 법은 모두 마음의 법이고, 일체의 이름은 모두 마음의 이름이다. 만법이 모두 마음으로부터 생겨나니 마음이 만법의 근본이다.

참으로 도를 닦는다는 것은 오히려 도를 닦지 않는 것이라는 것을 앞 절에서 살펴보았다. 도를 닦는다는 것은 도를 구하여 닦는 노력을 기울이는 것, 즉 조작하고 찾아가는 오염된 행위이다. 이러한 오염된 행위는 생사심(生死心)에 의하여 이루어진다. 생사심이란 무엇인가? 『마조어록』에서 따로 생사심을 설명하고 있지는 않으나, 심생멸(心生滅)과 심진여(心眞如)의 뜻을 설명하는 곳에서 그 의미를 엿볼 수 있다. 마조는 거울이 물상을 비추는 작용을 비유로 들어 거울을 마음에, 물상을 대상 경계에 대응시킨다. 이때 거울인 마음이 스스로에게 영상으로 드러나는 모든 대상 경계의 법을 한갓 영상으로서가 아니라 실재로서 받아들인다면 이것이 심생멸의 뜻이고, 거울인 마음이 스스로에게 영상으로 드러나는 모든 대상 경계의 법을 한갓 영상으로서만 바라볼 뿐 그것을 어떤 실재라고 여기지 않으면 이것이 심진여의 뜻이다. 거울에 비쳐 드러나는 영상은 끊임없이 생겼다 사라지는 변화를 거듭하지만, 거울 그 자체는 본래 아무런 영상도 없이 맑은 그대로 불변하다. 그런데 거울이 스스로의 이러한 맑음을 잊고서 거울 자신의 비추는 작용에 의하여 만들어진 영상을 허상(虛像)이 아니라 참된 실재라고 받아들인다면, 이것은 본래의 자신을 상실하는 것이고 진실을 왜곡하는 것이다. 아무런 상(像)도 없는 거울의 본체는 변화하지 않지만, 거울의 비추는 작용에 의하여 생겨나는 상(像)은 그 작용에 따라서 끊임없이 생멸(生滅)하며 변화하고 있다. 여기서 거울 즉 마음이 자신의 본래 자리에 있으면 그것이 심진여(心眞如)의 뜻이고, 거울이 자신의 작용에 의하여 나타나고 사라지는 허상(虛像)을 따라간다면 그것이 심생멸(心生滅)의 뜻이다. 생사심(生死心)이란 바로 이와 같은 심생멸(心生滅)의 뜻에서 본 마음이라고 할 수 있다. 다시 말하면, 마음이 마음 자신의 작용에 의하여 드러나는 경계(境界)에 미혹(迷惑)되어 그 경계가 단지 스스로의 작용에 의하여 나타나고 사라지는 공(空)한 모습[相]임을 알지 못하고, 그 경계가 실재한다고 여겨서 경계에 집착하여 경계와 더불어 자기 스스로도 생멸한다고 착각하고 있는 것이 바로 생사심(生死心)이다. 이러한 생사심은 본래의 자신은 잊고 자신에 의하여 만들어진 허상(虛像)을 쫓아다니므로, 불생불멸의 도(道)를 구하더라도 그 도가 본래 자기에게 있음을 모르고 생멸하는 허상인 경계를 분별하여 취사(取捨)함으로써 도를 얻으려고 한다. 그러므로 경계에 오염되어 취사선택하는 작위와 지향이 있게 된다. 이렇게 보면 생사심이란 경계에 미혹되어 취사선택하며 갈등하는 범부(凡夫)의 일상적인 마음이라고 할 수 있다.

도(道)는 이러한 생사심이 아니라 평상심(平常心)이라고 마조는 말한다. 평상심이란, 조작(造作)이 없고 시비(是非)가 없고 취사(取捨)가 없고 단상(斷常)이 없고 범성(凡聖)이 없는 마음이다. 조작하지 않고, 옳고 그름을 따지지 않고, 취하거나 버리지 않고, 끊어진다거나 영원하다는 견해도 갖지 않고, 범부니 성인이니 하는 입장에 서지도 아니하는 이것이 평상심(平常心)의 모습이라는 것이다. 이러한 마음은 이미 앞에서 참된 수도(修道)를 말하면서 마조가 언급했던 것이다. 즉 참으로 도를 닦는다는 것은 조작하지도 않고 취사선택하지도 않고 무엇을 찾지도 않는 마음이라고 했던 것이다. 따라서 평상심이 바로 도라는 것은 평상심의 이러한 마음이 바로 참된 의미에서 수도하는 것이라는 뜻이 된다.

마조는 또 말하기를, 이러한 평상심의 상태에서는, 현재 가고 머물고 앉고 누우며〔行住坐臥〕때에 따라 사물을 대하는 것이 모두 도(道)라고 한다. 왜 그러한가? 도(道)가 곧 법계(法界)인데, 어떠한 오묘한 작용도 모두 이 법계를 벗어나지 않기 때문이다. 도(道)는 곧 평상심(平常心)이라고 하였으니, 평상심이 곧 법계(法界)이다. 다시 말하면, 법계는 마음의 작용에 의하여 나타나고 사라지는 것이다. 그러므로 일체의 모든 작용은 마음을 벗어나지 않는다고 말한다. 그리하여 마조는, "모든 법(法)은 전부 마음의 법이며, 모든 명칭은 전부 마음의 명칭이다. 만법(萬法)이 모두 마음으로부터 나왔으니 마음이 만법의 근본이다."라고 말하는 것이다. 모든 법(法) 즉 삼라만상이 전부 마음의 소산이며, 모든 명칭도 모두 마음의 소산이니, 마음이 만법의 근본이다. 나의 일거수일투족과 눈에 보이는 삼라만상의 천변만화(千變萬化)가 모두 마음에서 비롯된다. 그러므로 마조는, "만일 교문(敎門)에서 시절 따라 자유롭게 법계를 건립해 내면 모조리 법계이고, 진여

(眞如)를 세우면 모조리 진여이며, 이치(理)를 세우면 일체법이 이치이며, 현상(事)을 세우면 일체법이 현상이 된다. 하나에서 천(千)에 이르기까지 이치와 현상이 다름이 없이 전부 오묘한 작용인데, 다른 무슨 이치가 있는 것이 아니라 모두가 마음으로부터 전개되어 나오는 것이다."라고 말한다. 그리하여 마침내, "갖가지로 세운 법이 모두 한 마음에서 나온 것이니 세워도 되고 싹 쓸어버려도 된다. 모조리 오묘한 작용이며 모두가 자기이니, 진(眞)을 떠나서 세울 곳이 따로 있는 것이 아니라 세운 그 자리가 바로 진이며, 모두 다 자기 스스로인 것이다."라는 결과가 된다.

(5) 깨달으면 될 뿐이다

이렇게 보면 앞에서 마조가 말한, '이 마음이 곧 부처'이고, '삼계가 곧 이 마음'이라는 사실을 아는 마음은 바로 이 평상심이다. 다시 말해 평상심은 범부의 미혹된 마음이 아니라, 부처의 깨달은 마음이라는 것이다. 그래서 마조는 평상심을, "조작(造作)이 없고 시비(是非)가 없고 취사(取捨)가 없고 단상(斷常)이 없고 범성(凡聖)이 없는 마음"이라고 하는 것이다. 그러므로 조작하고, 옳고 그름을 따지고, 취하거나 버리고, 끊어진다거나 영원하다는 견해를 갖고, 범부니 성인이니 하는 입장에 서 있는 마음 즉 생사심(生死心)이 미혹된 범부의 마음이다. 이러한 입장에서 본다면 수행의 지위나 인과(因果), 계급 등을 헤아리며 인(因)을 닦아 과(果)를 얻어 공허한 선정(禪定)에 안주하는 성문(聲聞)이나, 괴로운 경계를 대하고는 공적(空寂)함에 빠져 있는 보살(菩薩)은 모두 미혹한 범부일 뿐이다. 이점은 선종(禪宗)이 이른바 이승(二乘), 삼승(三乘)을 벗어난 최상승(最上乘)임을 나타내는 것이다.

최상승에서는 범부와 부처가 다르지 않다. 범부 즉 중생은 선지식(善知識)의 가르침을 받아 말끝에 깨달아 알면 다시는 계급이나 지위를 거치지 않고 곧바로 본래 마음을 깨닫게 되어〔頓悟本性〕부처가 되는 것이다. 그러므로 깨닫기 전의 미혹한 상태에서는 범부와 부처를 나누어 범부를 버리고 부처를 취하려 하지만, 깨닫고 나면 본래 범부와 부처가 따로 없고 다만 이 마음 하나뿐임을 알게 되는 것이다. 범부에게는 미혹에 상대하여 깨달음을 말하지만 본래 미혹이 없으므로 깨달음도 없는 것이다. 그러므로 "갖가지로 세운 법이 모두 한 마음에서 나온 것이니 세워도 되고 싹 쓸어버려도 된다. 모조리 오묘한 작용이며 그대로가 자기이니, 진(眞)을 떠나서 세울 곳이 따로 있는 것이 아니라 세운 그 자리가 바로 진이며, 다 자기인 것이다."라 하는 것이다. 그리하여 마조는 이렇게 외친다.

일체 중생들은 무량겁 이래로 법성삼매(法性三昧)를 벗어나지 않고 영원히 그 속에 있다. 그러므로 옷 입고 밥 먹으며 말하고 대꾸하는 6근(六根)의 작용과 모든 행위가 모조리 법성이다. 그러나 근원으로 돌아갈 줄 모르고서 이름을 따르고 모습을 좇으므로, 미혹한 생각(迷情)이 허망하게 일어나 갖가지 업(業)을 짓는다. 만약 한 생각에 돌이켜 비추어 볼 수 있다면(返照) 전체가 성인의 마음이다.

범부중생이란 본래가 법성삼매(法性三昧) 즉 부처의 마음에서 벗어난 적도 없고 벗어날 것도 아니어서, 육근(六根)의 모든 작용과 일체의 행위가 모조리 부처의 행위인데도, 스스로가 부처인 줄 모르고 밖으로 드러나는 이름과 모습을 좇아서 스스로를 잃어버리고 있는 상태를 말한다. 즉 중생과 부처가, "본성은 차이가 없으나 작용은 같지 않아서 미혹에 있으면 식(識)이 되고, 깨달음에 있으면 지(智)가 되며, 이치(理)를 따르면 깨달음이 되고, 현상(事)을 따르면 미혹이 된다."는 것이다. 그러나 "미혹해도 자기 본심에 미혹하는 것이며 깨달아도 자기 본성을 깨닫는 것이니, 한 번 깨달으면 영원히 깨달아 다시는 미혹되지 않는다." 그리하여 범부중생이 선지식(善知識)의 가르침을 만나 문득 생각을 돌이켜 본래의 자신을 본다면, 그 순간 부처가 되는 것이다. 여기에는 어떠한 단계나 시간을 요하는 것이 아니다. 그저 본래의 자신의 모습을 확인하는 것이다. 이것이 돈오(頓悟)이다.

이와 같이 선지식의 가르침이라는 것은 무엇을 새로이 얻게 하는 것이 아니라 눈을 돌려 제 스스로를 바라보도록 하는 것이다. 따라서 스스로를 보았으면 선지식의 가르침은 더 이상 필요가 없다. 이 까닭에 불법(佛法)에는 문이 따로 없다고 하는 것이고, 오랜 기간 수행하여 닦아 나갈 필요가 없다 하는 것이며, 문자(文字)를 세우지 않는다 하는 것이다. 그리하여 마조는 이와 같이 외친다.

여러분 모두는 각자 스스로의 마음을 깨달을 뿐 내 말을 기억하지 말라. 설사 갠지스 강의 모래알만큼 많은 도리를 설명할 수 있다 해도 그 마음은 늘지 않으며, 설명할 수 없다 해도 그 마음은 줄지 않는다. 설명할 수 있다 해도 그대들의 마음이며, 설명할 수 없다 해도 그대들의 마음이다. …… 만약 여래(如來)가 방편으로 가르치는 삼장(三藏)을 말한다면 무한한 세월을 말해도 다 말하지 못하여 마치 끊어지지 않는 사슬 같을 것이다. 그러나 부처의 마음(聖心)을 깨닫기만 하면 남아 있는 일은 아무것도 없다.

스스로의 마음을 깨달아서 부처가 되면 그만이고, 가르침이라는 방편은 버려야 한다. 일체유심(一切唯心)·직지인심(直指人心)·견성성불(見性成佛)이라는 선(禪)의 입장에서는, 가르침의 방편이란 곧바로 마음을 드러내 보여 주는 것인데, 이론적인 교설(敎說)뿐만 아니라 일거수일투족의 모든 행위와 모든 대상 경계가 전부 마음의 작용으로 건립되는 것이므로 모두가 가르침의 방편이 된다. 따라서 가르침의 방편이란 삼계(三界)만큼이나 무한하니, 교설을 세워도 무한히 세울 수가 있다. 그러나 마음을 깨달아 안다면 방편이 방편일 뿐이겠지만, 마음을 알지 못하면 경계인 방편에 미혹되게 되므로 오히려 방편이 도(道)가 되어 버리는 오류가 일어난다. 그러므로 방편인 교설에 신경 쓰지 말고 오직 마음 깨닫는 일에 힘써야 한다. 이것은 교가(敎家)에 대한 선가(禪家)의 주요한 특징이다.

3. 마조를 전후한 선종 법계보

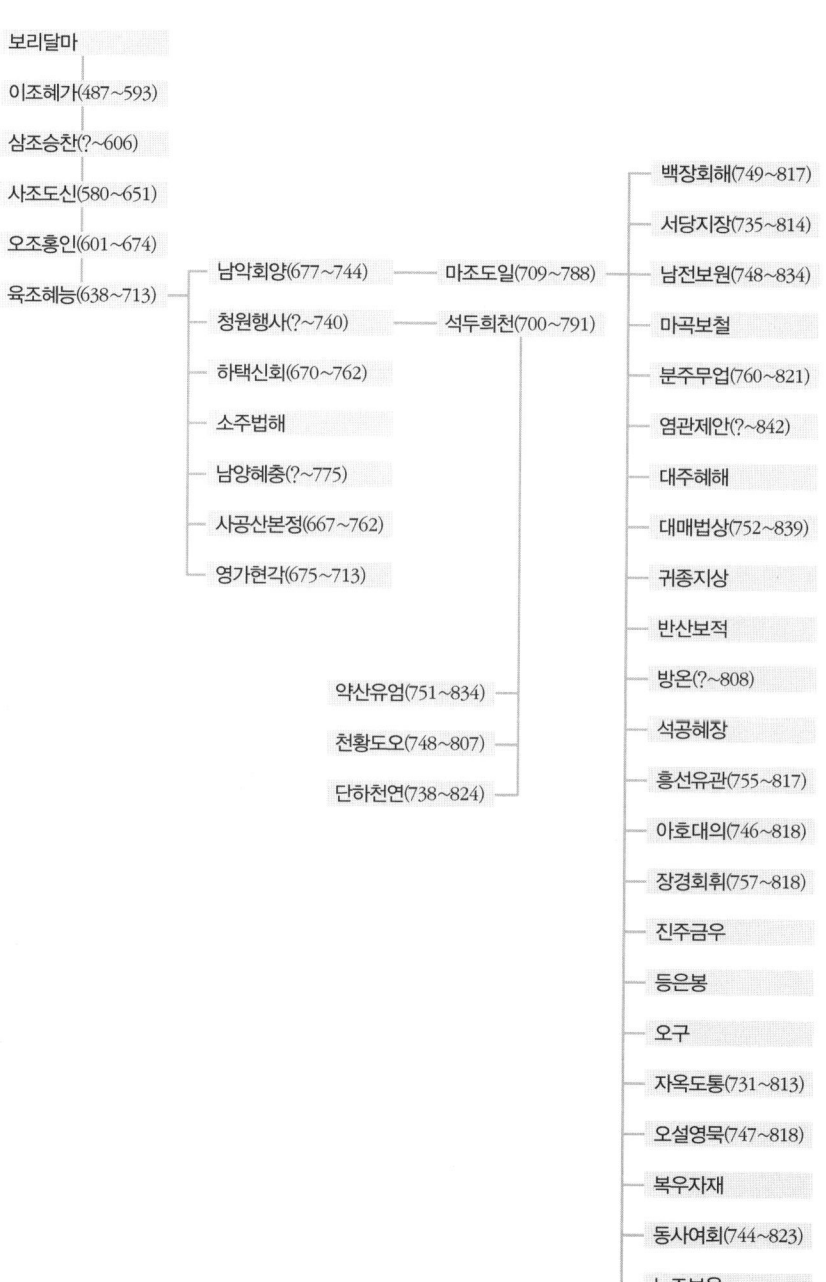

4. 중국 선종 연보年譜

480 보리달마(菩提達摩) 중국에 오다.

536 초조(初祖) 보리달마(菩提達摩) 적(寂).〈『보림전(寶林傳)』설〉

547 양현지(楊衒之)『낙양가람기(洛陽伽藍記)』찬(撰).

577 천태(天台) 남악혜사(南嶽慧思) 적.

580 사조(四祖) 도신(道信) 출생.

593 이조(二祖) 혜가(慧可) 적.〈『전등록(傳燈錄)』설〉

594 우두법융(牛頭法融) 출생.

597 천태지의(天台智顗) 적.

601 오조(五祖) 홍인(弘忍) 출생.

606 삼조(三祖) 승찬(僧璨) 적.

626 사조(四祖) 도신(道信), 기주(蘄州) 쌍봉산(雙峰山)에 들어가 선풍(禪風)을 고취. 오조홍인(五祖弘忍)과 함께 동산법문(東山法門) 또는 동산종(東山宗)이라 불림.

638 육조혜능(六祖慧能) 출생.

640 화엄종(華嚴宗) 초조(初祖) 두순(杜順) 적.

645 도선(道宣)『속고승전(續高僧傳)』찬.

651 사조도신(四祖道信) 적.

657 우두법융(牛頭法融) 적.

661 혜능(慧能), 황매(黃梅)의 동산(東山)으로 홍인(弘忍)을 찾아감.

664 현장(玄奘) 적.

670 하택신회(荷澤神會) 출생.

674 오조홍인(五祖弘忍) 적.

675 영가현각(永嘉玄覺) 출생.

676 육조혜능(六祖慧能), 광주(廣州) 법성사(法性寺)에서 삭발(削髮).
법성사(法性寺) 주지 법재(法才)「예발탑기(瘞髮塔記)」만듦.

677 남악회양(南嶽懷讓) 출생.

682 자은사(慈恩寺) 규기(窺基) 적.

683 정각(淨覺) 출생.

684 정중사(淨衆寺) 무상(無相) 출생.

686 원효(元曉) 적.

700 석두희천(石頭希遷) 출생.

705 정각(淨覺)『금강반야리경(金剛般若理鏡)』찬.

706 신수(神秀) 적(寂). 신수에게 대통선사(大通禪師)라 시호(諡號)함
(선사(禪師)라는 말을 처음 사용).
신수(神秀)의『관심론(觀心論)』찬.

708 현색(玄賾)『능가불인법지(楞伽佛人法志)』찬.

709 마조도일(馬祖道一) 출생.

713 육조혜능(六祖慧能) 적.

영가현각(永嘉玄覺) 적.

회양(懷讓), 남악(南嶽)의 반야사(般若寺)에 주(住)함.

713 두비(杜朏)「전법보기병서(傳法寶紀幷序)」찬.

716 정각(淨覺) 찬 『능가사자기(楞伽師資記)』 완성.

718 신회(神會) 찬 『南陽和尙頓敎解脫禪門直了性壇語』 기록.

720 정중사(淨衆寺) 신회(神會) 출생.

727 정각(淨覺) 『주반야심경(注般若心經)』 완성.

730 하택신회(荷澤神會), 활대(滑臺)의 대운사(大雲寺)에서 북종(北宗)을 공격.

731 하택신회, 다시 북종을 공격.

732 신회(神會), 활대의 대운사에서 무차대회(無遮大會)를 열어 3번 북종을 공격. 이때의 신회의 설법을 후에 독고패(獨孤沛)가 『보리달마남종정시비론(菩提達摩南宗定是非論)』으로 편집함.

대전보통(大顚寶通) 출생.

735 서당지장(西堂智藏) 출생.

739 단하천연(丹霞天然) 출생.

740 청원행사(靑原行思) 적.

이통현(李通玄) 적.

744 남악회양(南嶽懷讓) 적.

745 약산유엄(藥山惟儼) 출생.

신회(神會), 낙양(洛陽) 하택사(荷澤寺)에 들어감.

746 아호대의(鵝湖大義) 출생.

748 남전보원(南泉普願) 출생.

천황도오(天皇道悟) 출생.

749 백장회해(百丈懷海) 출생.

신회(神會), 낙양(洛陽) 하택사(荷澤寺)에서 남북(南北) 2종(宗)의 종지(宗旨)를 정함.

751 불굴유칙(佛窟遺則) 출생.

752 대매법상(大梅法常) 출생.

755 흥선유관(興善惟寬) 출생.

756 장경회휘(章敬懷暉) 출생.

758 하택신회(荷澤神會) 적.

759 왕유(王維) 몰(歿).

왕유(王維), 신회의 의뢰로 「육조능선사비명(六祖能禪師碑銘)」 찬.

760 육조혜능의 의발(衣鉢)을 궁중(宮中)으로 맞아들여 공양(供養).

분주무업(汾州無業) 출생.

761 사공산본정(司空山本淨) 적.

762 신회 찬 『돈오무생반야송(頓悟無生般若頌)』 완성.

정중무상(淨衆無相) 적.

771 위산영우(潙山靈祐) 출생.

774 『역대법보기(歷代法寶記)』 편(編).

보당무주(保唐無住) 적.

775 남양혜충(南陽慧忠) 적.

778 조주종심(趙州從諗) 출생.

779 오조홍인(五祖弘忍)에게 대만선사(大滿禪師)라 시호(諡號).

780 규봉종밀(圭峰宗密) 출생.

781 『조계대사전(曹溪大師傳)』완성.

782 덕산선감(德山宣鑑) 출생.

788 마조도일(馬祖道一) 적.

790 석두희천(石頭希遷) 적.

792 『신회어록(神會語錄)』서사(書寫).

794 정중사(淨衆寺) 신회(神會) 적.

795 『돈오대승정리결(頓悟大乘正理訣)』기록(記錄).

796 회해(懷海), 백장산(百丈山)에 들어감.

황태자에게 칙령을 내려 내전(內殿)에서 여러 선사(禪師)를 모아 전법(傳法)의 정계(正系)와 방계(傍系)를 상세히 정함.

칙령으로 하택신회(荷澤神會)를 선종(禪宗)의 7조(祖)로 정함.

800 이고(李翶)『복성서(復性書)』완성.

801 지거(智炬)『보림전(寶林傳)』찬.

802 가야산 해인사(海印寺) 창건.

805 최징(最澄)『입당구법목록(入唐求法目錄)』찬.

806 영우(靈祐), 위산(潙山)에 들어감.

북산신청(北山神清)『북산록(北山錄)』찬.

807 앙산혜적(仰山慧寂) 출생.

천황도오(天皇道悟) 적.

동산양개(洞山良价) 출생.

석상경제(石霜慶諸) 출생.

808 방온거사(龐蘊居士) 몰.

813 마조도일 대적선사(大寂禪師)라 시호.

814 백장회해(百丈懷海) 적.

서당지장(西堂智藏) 적.

북산신청(北山神淸) 적.

『백장회해선사어록(百丈懷海禪師語錄)』편(編).

815 임제의현(臨濟義玄) 출생.

장경회휘(章敬懷暉) 적.

816 육조혜능(六祖慧能) 대감선사(大鑑禪師)라 시호.

유종원(柳宗元)「사시대감선사비(賜諡大鑑禪師碑)」찬.

817 흥선유관(興善惟寬) 적.

818 돈황본(燉煌本)『육조단경(六祖壇經)』완성.

아호대의(鵝湖大義) 적.

819 투자대동(投子大同) 출생.

최징(最澄)『내증불법상승혈맥보(內證佛法相承血脈譜)』찬.

한유(韓愈)『불골표(佛骨表)』를 올림.

821 백장회해(百丈懷海) 대지선사(大智禪師)라 시호.

분주무업(汾州無業) 적.

822　설봉의존(雪峰義存) 출생.

823　동사여회(東寺如會) 적.

824　조과도림(鳥窠道林) 적.

　　　단하천연(丹霞天然) 적.

　　　대전보통(大顚寶通) 적.

　　　한유(韓愈) 몰.

　　　석두희천(石頭希遷) 무제대사(無際大師)라 시호.

826　남악회양(南嶽懷讓) 대혜선사(大慧禪師)라 시호.

　　　『육조단경(六祖壇經)』 서사(書寫).

828　약산유엄(藥山惟儼) 적.

830　흥화존장(興化存奘) 출생.

　　　불굴유칙(佛窟遺則) 적.

834　남전보원(南泉普願) 적.

835　현사사비(玄沙師備) 출생.

839　대매법상(大梅法常) 적.

　　　원인(圓仁) 『입당구법목록(入唐求法目錄)』 찬.

840　조산본적(曹山本寂) 출생.

　　　이고(李翶) 몰.

841　규봉종밀(圭峰宗密) 적.

　　　운암담성(雲巖曇晟) 적.

　　　배휴(裵休) 「규봉선사비명병서(圭峰禪師碑銘幷序)」 찬.

842　황벽희운(黃檗希運), 홍주(洪州) 용흥사(龍興寺)에 주(住).

염관제안(塩官齊安) 적.

회창(會昌)의 법난(法難) 시작됨.

845 절을 합하고 승니(僧尼)를 환속하는 칙령을 발함.

846 무종(武宗) 죽고 선종(宣宗) 즉위하여 파불(破佛) 중지.

847 선종(宣宗), 불교 부흥(復興)의 조(詔)를 냄.

848 황벽희운, 완릉(宛陵) 개원사(開元寺)에 주(住).

853 위산영우(潙山靈祐) 적.

857 배휴(裵休), 희운(希運) 찬(撰) 『전심법요(傳心法要)』 편(編).

의현(義玄), 하북(河北) 진정부(鎭定府)의 임제원(臨濟院)에 주(住).

858 원진(圓珍) 『일본국구법승원진목록(日本國求法僧圓珍目錄)』 찬.

860 황벽희운(黃檗希運) 적.

진주(鎭州)보화(普化) 적.

864 임제의현(臨濟義玄), 낙양(洛陽)으로 유(遊).

운문문언(雲門文偃) 출생.

865 덕산선감(德山宣鑑) 적.

867 임제의현(臨濟義玄) 적.

본적(本寂), 조산(曹山)에 들어감.

869 동산양개(洞山良价) 적.

870 배휴(裵休) 몰.

의존(義存), 복주(福州)의 상골봉(象骨峰)에 들어가 설봉(雪峰)이라 이름 붙임.

879 혜적(慧寂), 원주(袁州) 앙산(仰山)에 들어감.

883 앙산혜적(仰山慧寂) 적.

885 법안문익(法眼文益) 출생.

888 흥화존장(興化存奬) 적.

　　석상경제(石霜慶諸) 적.

　　청원행사(靑原行思)에 홍제대사(弘濟大師)라 시호.

896 풍혈연소(風穴延沼) 출생.

897 조주종심(趙州從諗) 적.

　　『조주록(趙州錄)』 완성.

898 향엄지한(香嚴志閑) 적.

901 조산본적(曹山本寂) 적.

902 운거도응(雲居道膺) 적.

904 영명연수(永明延壽) 출생.

908 설봉의존(雪峰義存) 적.

　　현사사비(玄沙師備) 적.

910 남악유경(南岳惟勁) 『속보림전(續寶林傳)』 편(編).

914 투자대동(投子大同) 적.

923 용아거둔(龍牙居遁) 적.

　　문언(文偃), 운문산(雲門山)에서 개당(開堂).

926 수산성념(首山省念) 출생.

928 보복종전(保福從展) 적.

　　나한계침(羅漢桂琛) 적.

932 장경혜릉(長慶慧稜) 적.

935 나한계침(羅漢桂琛) 진응선사(眞應禪師)로 시호.

947 분양선소(汾陽善昭) 출생.

949 운문문언(雲門文偃) 적.

수견(守堅) 『운문광록(雲門廣錄)』 편.

950 법안문익(法眼文益) 찬(撰) 『종문십규론(宗門十規論)』 완성.

952 정(靜)·균(筠) 『조당집(祖堂集)』 편.

958 법안문익(法眼文益) 적.

961 연수(延壽) 『종경록(宗鏡錄)』 찬.

『투자화상어록(投子和尙語錄)』 완성.

967 혜흔(慧昕) 『육조단경(六祖壇經)』 재편(再編).

973 풍혈연소(風穴延沼) 적.

980 설두중현(雪竇重顯) 출생.

983 촉판(蜀版) 『대장경(大藏經)』 완성.

988 찬녕(贊寧) 『송고승전(宋高僧傳)』 찬.

992 양기방회(楊岐方會) 출생.

993 수산성념(首山省念) 적.

1002 황룡혜남(黃龍慧南) 출생.

1004 도원(道原) 『경덕전등록(景德傳燈錄)』 편(編).

1024 분양선소(汾陽善昭) 적.

1026 원진(遠塵) 『설두현화상명각대사송고집(雪竇顯和尙明覺大師頌古集)』 편.

1032 왕수(王隨)『설봉어록(雪峰語錄)』에 서.

1035 왕수(王隨)『전등옥영집(傳燈玉英集)』편.

1036 이준욱(李遵勖) 찬(撰)『천성광등록(天聖廣燈錄)』완성.

1049 양기방회(楊岐方會) 적.

1052 설두중현(雪竇重顯) 적.

1056 계숭(契嵩)『육조단경(六祖壇經)』교간(校刊).

1059 요(遼),『거란대장경(契丹大藏經)』완성.

1061 계숭(契嵩)『전법정종기(傳法正宗記)』찬.

1063 원오극근(圜悟克勤) 출생.

1064 백운수단(白雲守端) 찬(撰)『송고백십칙(頌古百十則)』완성.

1066 황룡혜남(黃龍慧南)『사가어록(四家語錄)』편집.

1069 황룡혜남(黃龍慧南) 적.

1072 심진(沈振)『만선동귀집(萬善同歸集)』에 서.

1085 양걸(楊傑)『마조사가록(馬祖四家錄)』에 서.

1088 양걸(楊傑)『제양기회노어록(題楊岐會老語錄)』찬.

1089 대혜종고(大慧宗杲) 출생.

1101 수중(守中)『분양선소선사어록(汾陽善昭禪師語錄)』에 발(跋).

1103 장로종색(長蘆宗賾)『선원청규(禪苑清規)』편(編).

1107 사일(謝逸), 각범덕홍(覺範德洪) 찬『임간록(林間錄)』에 서.

1120 종연(宗演)『임제혜조선사어록(臨濟慧照禪師語錄)』중간(重刊).

1123 덕홍(德洪)『선림승보전(禪林僧寶傳)』찬.

1130 정각(正覺)『묵조명(默照銘)』찬.

1131 『조주록(趙州錄)』 중간(重刊).

1133 경연희(耿延禧)『원오불과선사어록(圜悟佛果禪師語錄)』에 서.

1134 대혜종고(大慧宗杲), 설봉산(雪峰山)의 묵조선(默照禪)을 공격. 유비(劉斐)『경덕전등록(景德傳燈錄)』 재판(再版)에 후서(後序). 종고(宗杲)『변정사설(辨正邪說)』 찬.

1135 원오극근(圜悟克勤) 적.

1136 『원오어록(杲悟語錄)』 완성. 원오극근(圜悟克勤) 진각선사(眞覺禪師)라 시호.
호구소륭(虎丘紹隆) 적.

1138 규봉종밀(圭峰宗密) 찬『원각경대소초(圓覺經大疏鈔)』 간행.

1141 전밀(錢密), 구정혜천(九頂慧泉) 편(編)『황룡사가록(黃龍四家錄)』에 서.

1144 『고존숙어요(古尊宿語要)』 간행.

1146 원각종연(圓覺宗演) 적.

1147 대혜종고(大慧宗杲) 찬『정법안장(正法眼藏)』 완성.

1153 『자명사가록(慈明四家錄)』 중간(重刊).

1163 대혜종고(大慧宗杲) 적.

1164 『전법정종기(傳法正宗記)』 중간.

1166 『대혜보각선사서(大慧普覺禪師書)』 간행.

1178 『운와기담(雲臥紀談)』 완성.『금각대장경(金刻大藏經)』 완성.

1183 회옹오명(晦翁悟明)『종문연등회요(宗門聯燈會要)』 편.

1186 도겸(道謙), 대혜종고(大慧宗杲) 찬『종문무고(宗門武庫)』 편.

1188 회암지소(晦巖智昭) 『인천안목(人天眼目)』 찬.

1189 자암혜빈(蔗菴慧彬) 『총림공론(叢林公論)』 찬. 『선림보훈(禪林寶訓)』 완성.

1198 오천(悟遷), 정각(正覺) 찬 『굉지록(宏智錄)』 간행.

1199 도융(道融) 『총림성사(叢林盛事)』 찬.

1201 『굉지록(宏智錄)』 간행 완성.

1205 지눌(智訥) 『진심직설(眞心直說)』 찬.

1208 지눌(智訥) 『육조단경(六祖壇經)』에 서.

1209 지눌(智訥) 찬 『법집별행록절요병입사기(法集別行錄節要並入私記)』 완성.

1212 종성(宗性) 『파암어록(破菴語錄)』 편.

1225 담연거사(湛然居士) 『종용록(從容錄)』에 서.

1226 혜심(慧諶) 등 『선문염송집(禪門拈頌集)』 편.

1229 혜개(慧開) 『무문관(無門關)』 편. 『한산시집(寒山詩集)』 완성.

1230 담수(曇秀) 『인천보감(人天寶鑑)』 편.

1238 고산사명(鼓山師明) 『속고존숙어요(續古尊宿語要)』 간행.

1245 『조당집(祖堂集)』 개판(開版).

1251 『고려대장경(高麗大藏經)』 중각(重刻) 완성.

1254 소담(紹曇) 『오가정종찬(五家正宗贊)』 찬.

1258 대관(大觀) 『인천안목(人天眼目)』 중수(重修).

1263 원오(圓悟) 『고애만록(枯崖漫錄)』 편.

1267 대관(大觀) 『고존숙어록(古尊宿語錄)』에 서.

1283 북조현시(北條顯時), 황벽희운(黃檗希運) 찬 『전심법요(傳心法要)』 간행.

1293 천책(天頙) 『선문보장록(禪門寶藏錄)』 편.

1294 홍교조(洪喬祖) 『고봉원묘선사어요(高峰原妙禪師語要)』에 서.

1300 『벽암록(碧巖錄)』 간행.

1303 지소(智昭) 편(編) 『인천안목(人天眼目)』 간행.

1313 영중(永中) 『치문경훈(緇門警訓)』 찬.

1316 덕이(德異) 『육조대사법보단경(六祖大師法寶壇經)』 간행.

1320 묘수(妙秀), 혜연(慧然) 편 『진주임제혜조선사어록(鎭州臨濟慧照禪師語錄)』을 상운암(祥雲菴)에서 간행.

1341 자문(子文) 편 『불과원오진각선사심요(佛果圜悟眞覺禪師心要)』 임천사(臨川寺)에서 간행.

5. 중국 선종 지도

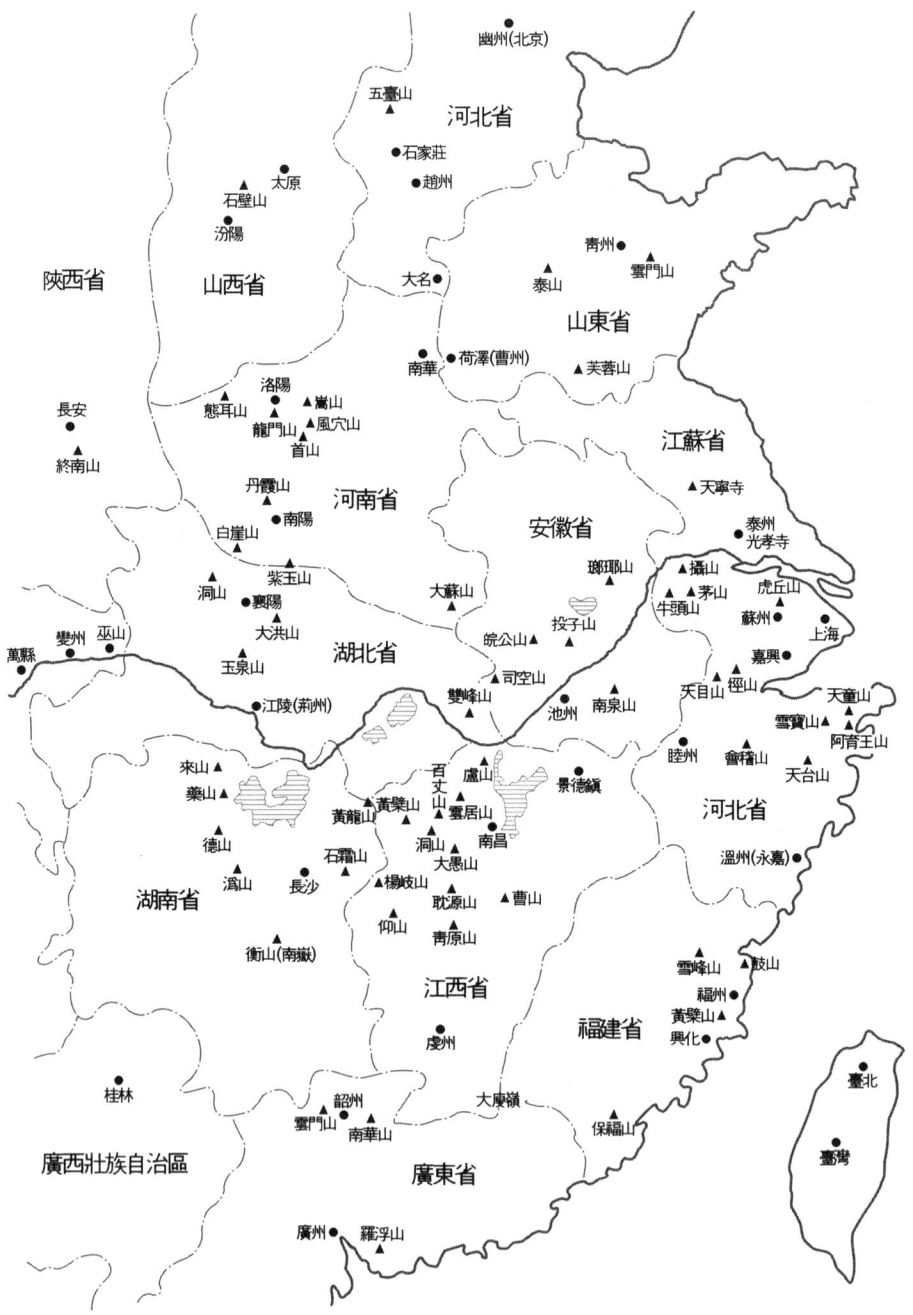

마조어록

초판   1쇄 발행일 2005년 7월 25일
개정판 1쇄 발행일 2012년 8월 22일
       4쇄 발행일 2022년 11월 3일

지은이 김태완

펴낸이 김윤
펴낸곳 침묵의 향기
출판등록 2000년 8월 30일, 제1-2836호
주소 10401 경기도 고양시 일산동구 무궁화로 8-28,
     삼성메르헨하우스 913호
전화 031) 905-9425
팩스 031) 629-5429
전자우편 chimmukbooks@naver.com
블로그 http://blog.naver.com/chimmukbooks

ISBN 978-89-89590-29-3 03220

*책값은 뒤표지에 있습니다.